KB232680

아버지가 꼭 전하고 갈 선물

- 예수 잘 믿으세요 -

아버지가 꼭 전하고 갈 **선물**

지은이 : 최 지 웅
표지·삽화 : 김 충 경
편   집 : 이 경 자
펴낸이 : 백 성 대

2010년 4월 3일 인쇄
2010년 4월 9일 발행

도서출판 노 문 사
서울 중구 인현동2가 192-30
등록 : 2001. 3. 19 제2-3286호
E-mail : nomunsa@hanmail.net

전 화 : (02) 2264-3311~2
FAX : (02) 2264-3313

ISBN 978-89-86785-77-7   03230

잘못된 책은 바꿔 드립니다.

아버지가 꼭 전하고 갈 선물

- 예수 잘 믿으세요 -

저자 최 지 웅 목사

도서출판 노 문 사

제 V 장　내가 믿는 하나님

서　문

　　세월은 쉬임 없이 흘러서 벌써 2010년도를 맞이한지도 열흘
이 다 지나갔다. 참으로 겉잡을 수 없는 유수와 같은 세월이다.
　　금년 2010년도는 내가 태어난지 팔순을 맞이하게 되는 해이다.
　　칠순 잔치를 벗들과 함께 금봉황에서 나눈지가 엇그제 같은데
벌써 그 사이 십년이란 세월이 흘러갔단 말이다.
　　칠순 잔치 때에는 곧 은퇴한 때라 "이민목회에서 찾은 복음과
문화"란 책을 출판하여 나누었다.
　　그래서 팔순을 맞으면서도 무엇인가 하나를 정리를 해야겠다
고 생각했다.

　　나는 Rockford 한인교회에서 1997년도에 은퇴하고 다음 해
98년도에 이 곳 San Jose로 이사와서 작은 아들 원진이네 집에
서 지내면서 선배 친구 소규천 목사님 내외분과 후배 친구 유영
준 목사님 내외분과 세 가정이 한 달에 한 번씩 가정에서 모이다
가 식당에서 모이면서 서로를 위하여 기도해 왔다.
　　그러다가 소 목사님이 먼저 세상 떠나 가시고 지난 해에는 유
목사님의 박화자 사모님도 가시고 해서 매달 모이던 모임이 끊
어졌다.

나는 지난 해 11월말에 방광에 혹이 생겼다고 수술을 받아야 한다고 해서 수술받고 치료 받았다.

나의 생각으로는 이제 이만큼 살만큼 살았으면 그만이지 더 오래 살려고 몸에다 칼을 대고 수술을 받아야 하나 망설였다.

의사는 혹을 내버려두면 곧 크게 자라고 자라면서 악성으로 변하게 되니 속히 수술을 받으라고 권유했다. 곁에 있는 아들도 의사의 권유대로 하는것이 좋겠다고해서 권유에 따르기로 하고 수술을 받았다.

수술자체는 대단한 것이 아니라고 해서 두세시간에 끝이 났지만 의사가 하룻밤만 병원에서 자고 나가면 된다고 하였던게 다음날 의사가 와서 보고 오줌물이 맑지 못하니 하루 더 입원하라고 한것이 3박4일만에 퇴원 하고, 소변통을 차고 퇴원하여 나흘이 지난 후에나 소변통을 제하게 되었다.

소변통을 차고서는 서지도 못하고 걷지도 못하고 몇 날을 앉거나 누워서만 지내다 보니. 체력이 급격히 약화되어 체중까지 5L/B나 줄었다.

그동안 체중을 좀 줄이려고 했는데 잘됐다고 했으나 체력이 약화되니 감기에 걸리어 기침으로 몇 일을 고생했다.

지금까지는 감기, 기침을 모르고 지내왔는데 감기로 입맛을 잃고 제대로 먹지 못하니 건강에 더욱 관심을 가지게 되였다.

이제 갈 때가 가까워 오는구나 하는 생각이 들면서 가기 전에 자녀들에게 꼭 전해야 할 것을 준비해야겠다고 생각했다.

그것이 이 선물이란 것이다.

나는 일평생 40년동안 목회하다 은퇴했고 아버지가 목회하시다 순교하신 분이기에 유산이나 재산이라고는 아무것도 없다.

이북 정주에서 떠나 피난오면서 청천강을 물로 건널때, 옷봇 다리와 가방을 교회 청년에게 맡기고 건너가서 찾기로 했으나 비행기의 폭격으로 흩어져서 그 청년을 만나지도 못한채 단벌 신사가 되어 버리고 말았다.

지금의 나는 은퇴연금과 교단에서 주는 생계 보조금으로 그때 그때 살기에 유산으로 물려줄 것은 아무것도 줄것이 없다.

그러나 내가 목회하면서 일생동안 전한 복음을 나누어 줄 선물로 자녀들에게 정리하여 전하고 간다면 자녀들이 세상의 물질의 부요보다는 신앙의 풍요한 삶으로 신령한 복을 누리고 영원한 영생의 구원을 누릴 것을 소망하면서 이 글을 정리한다.

이 글은 어떤 학설을 주장하는 것이 아니고 어떤 연구 논문도 아니다. 한 목회자가 목회에서 경험하고 체험한 확신을 나의 고백으로하여 자녀들에게 꼭 전하고 싶어서다. 이것이 전부도 또 완전한 것도 아니리라. 다만 믿음에 도움이 되었으면 하는 바람이다.

이 책의 표지와 사이 사이에 삽화를 그려주신 김충경 장로님과 편집담당 이경자 실장과 출판을 맡아주신 노문사 백성대 장로님과 직원들에게 감사드리면서.

2010. 1. 10.

Santa Clara에서   최 지 웅

"일러두기"

1. 이 책에서는 성경본문을 성서공회에서 발간한 개역 성경에서 인용했다.

2. "참고로" 인용한 성경구절들은 박창환 교수의 개인 사역판 2008년도 재판 「국제크리스천학술원」에서 인용했다.

3. 때로는 성경구절이 앞에 나오기도 하고 때로는 뒤에 나오기도 하는데, 성경 구절 그대로를 인용할 때에는 앞에다 성경구절을 밝혔고 뜻으로 설명하여 인용하였을 때에는 되도록 뒤에다 성경구절을 밝히었다.

4. 이 책의 제본에서 파손된 책은 출판사 노문사를 통하여 재고가 있는한 교환해 드리기로 한다.

제 1 장
나는 누구인가?

제 I 장   나는 누구인가?

세상의 모든 문제는 자기에서부터 시작이 된다고 한다. 먼저 나의 소개부터 해야 하리라.

나는 현재 사 남매 자녀의 아버지로 목회하다 은퇴한 최지웅 목사이다.

안병욱 교수의 「자기 성찰」이란 글이 있다.

어떤 유명한 스승 밑에 사사하는 한 제자가 있었는데, 불행하게도 앞 못 보는 장애인이었다고 한다.

하루는 제자가 일어서면서 선생님에게 인사를 하면서

"오늘은 이만 가 보아야 하겠습니다"

라고 하니 선생님이 제자의 손을 붙잡고

"지금 밖에는 비바람이 몹시 불고 칠흑 같이 캄캄한 밤이니 이 등불을 들고 가게!"

하시면서 등불을 손에 들려주셨다고 한다.

제자가 웃으면서 선생님에게

"선생님! 아시다시피 저는 앞 못 보는 장애인인데 저에게 이 등불이 무슨 소용이 있습니까?"

라고 사양하였다고 한다.

그러자 선생님은 제자에게

"자네는 앞을 보지 못 하기에 이 등불이 소용이 없겠지만 저기 마주 오는 사람이 이 등불을 보고 길을 피해가지 않겠나! 그러니 들고 가게!"

그래서 그럴듯하게 여기여 등불을 들고 한참을 가다가 어떤 사람하고 맞부디치게 되었단다. 장님은 화가 머리 끝까지 치밀어서 분을 내며 큰 소리로 상대방에게 욕을 퍼부으며

"여보시오! 나는 앞을 못보는 장님이라 어쩔수 없으나, 그래 당신은 이 등불을 보지도 못했단 말이요?"

하고 등불을 높이 치켜 들었다고 한다. 그러나 불행하게도 그 등불에는 불이 이미 꺼져 있었다고 한다.

이 글에서 이 장님이 자기를 살필 줄 알았더면 상대를 향해 소리치거나 화를 낼 이유가 없었을 텐데 자기를 보지 못 하기에 상대에게 화를내며 욕을 했다고 한다.

철인 쏘크라테스는 아덴의 많은 철인들에게

"너 자신을 알라"

고 외쳤다는 말은 유명한, 알려진 말이다.

「너 자신을 알라」고 한 말은 소크라테스의 말이 아니라 아덴의 델포이 신전의 대들보에 새겨진 글귀를 자기가 읽고 자기는 자신이 지혜가 부족한 사람이란 것을 깨달아 알았다고 한다.

그런데 아덴의 철인들은 자기의 부족한 줄을 모르고 아는체 떠드는 것이 몹시 못마땅 해서 외친 말이라고 한다.

1. 오늘의 나

오늘이라고 해서 달력에 나타나는 오늘 1월 13일을 뜻하는 것
만은 아니다.

지금의 나, 현재의 나를 소개하련다.

집주소는

1000 El Camino Real

Gate Way Santa Clara Apt 202

Santa Clara CA 95050

영어 이름은

Samuel Ji Woong Choi이다.

내가 살고 있는 Apt는 은퇴한 사람들이 모여 사는 노인 Apt
이다.

지하는 주차장으로 되어있고, 3층 건물에 41세대가 사는 집이다.

집마다 약간의 구조는 다르나, 내가 쓰는 집은 침실 한개, 거
실한개, 화장실과 부엌이 있는 약 20평형의 집이다. 온·난방이
되고 냉장고와 전자렌지가 달려 있다.

방세는 월 819^{00}이며 전기세와 전화세만 낸다.

전기세는 월 $30~40 정도이고 전화는 시내전화만 쓰고 노트
북 한대 또 합해서 기본요금 $50여불을 내고 시외전화는 아들네
와 함께 Cell Phon을 쓰고 있다.

내가 살고 있는 Santa Clara는 San Jose로 실리콘밸리라고
널리 알려져 있다. 전자회사들과 국제공항이 San Jose공항으로

되어 있어, 널리 알려지고 있다. 이 지역에는 전기공학자들이 많이 있어 타지역 보다 물가가 많이 높은지역이다. New York지역과 맞먹는다고 알려져 있다.

　기후가 노인들 살기에 마춤지역이다. 겨울에는 눈이 없고, 11월부터 2월까지 우기가 되어 비가 많이오고 우기가 지나면 여름철 비 한방울 없고 습기도 없이 더위도 없다.
　기후가 건조하기에 Computer회사가 성행한다고 한다.

실리콘밸리 연봉 상승, 고용은 바닥권

〈2010. 2. 5. 중앙일보〉

미국 정보기술 (IT)의 본산으로 불리는 실리콘밸리 하이테크 종사자들의 평균 연봉은 지난 해 다소 올랐지만 고용은 바닥권에 이른 것으로 조사됐다.

3일 샌프라시스코크크로니클등이 고용 전문기관들의 조사결과를 인용해 보도한 내용에 따르면 실리콘밸리 IT 산업 종사자들의 평균 연봉은 지난 해 상반기 기준 10만 5천 500달러 가량으로 나타났다.

이들의 평균 연봉은 닷컴 붐이 일던 2000년 12만 100달러로 최고치를 기록했고 닷컴 붕괴가 본격화된 2002년에는 8만7천300달러로 폭락했다.

경기 침체가 지속된 2008년말 기준으로 실리콘밸리 하이테크 종사자의 평균 연봉은 10만3천850달러였고 2009년 상반기엔 소폭 올라 10만5천500달러를 기록했다. 금융 위기와 경기 침체가 지속되는 가운데서도 지난 해 연봉이 전년대비 다소 오른 것은 기업들의 잇단 해고 사태 등에 따른 것으로 보인다.

실리콘밸리 지역의 평균 연봉은 미국의 여타 지역 IT 종사자들의 평균 연봉 6만4천539달려에 비하면 상당히 높은 수준이다.

실리콘밸리 IT 종사자들의 평균 연봉은 기본급과 보너스, 스톡옵션 등이 모두 포함된 액수이며 하이테크 부문에는 인터넷과 바이오테크, 항공 우주 산업, 컴퓨터 소프트웨어와 하드웨어 등이 망라돼 있다.

실리콘밸리 IT 종사자의 수는 닷컴 붐이 최고조에 달했던 2000년 54만4천명에 이르렀으나 닷컴 붕괴 이후 지속적으로 줄기 시작해 지난 해 6월 기준 41만6천명 가량을 기록하고 있다.

IT 시장 전문가들은 “지난 해 말 이후 실리콘밸리 기업들이 대량 해고 사태에서 점차 벗어나고 고용 상태는 바닥권에 이른 것으로 보인다”며 “올해 경기 회복세를 타면서 고용 시장도 다소 호전될 것이란 전망이 나온다”고 말했다.

전자공학자들의 수입은 보통 월급자들보다 월등히 높다.

2년 전자공학자들로 성시를 이룬 도시가 San Jose이다.

　지난 주일 1월 10일에는 이 지역에서 은퇴한 목사님들이 함께
모여서, Evergreen K. Church (에버그린한인교회)가 창립되
는 예배를 드렸는데 내가 설교를 맡아 행11:19~30의 본문으로
「본 받을만한 교회」의 제하로 설교했다.

　배경은 은퇴한 *장신동문들 11세대가 그 동안 한 달에 한 번
씩 친목으로 모여 오다가 작년 여름에 조성걸 목사님의 제의로
은퇴목사들의 교회를 시작하자고 해서 발단이 되었다.

　운영위원으로 현순호, 권영배, 김영한, 안동성, 조성걸 목사님
들에 위임하여 시작이 됐다.

　설교는 연장자부터 돌아가며 하기로 했는데, 내 앞에 두 분의
연장자들이 계신데, 사정상 못 나오신다고하여 내가 먼저 설교
하게 되었다.

　이 주간에 한국에서 들려오는 소식은 9년만에 가장 추운 한파
가 왔다고 하고 눈도 30cm나 내려서 추위가 심하다고 한다.

　걱정되는 것은 김종춘 목사님 내외가 니가라과에서 선교하시
는 박창환 목사님을 장신총동문회의 강사로 모시고 서울에 나가
셨는데 추위에 걱정이 된다.

　이 곳에는 벌써 일찍 피는 복숭아 꽃이 만발하였다.

※ 장신동문 11세대
　이인석　이규형　최지웅　오용삼　현순호　권영배　김영한
　정관봉　안동성　유영준　조성걸

2. 어제의 나

어제의 나는 지난 날의 나의 목회와 나의 은퇴에 대한 소개를
하련다.

1) 나의 목회

1957~60	평동교회와 영암교회 교육전도사
1960~63	수유동교회 강도사 및 담임목사
1961~11, 10	평동노회에서 목사안수
1963~65	인천제1교회 부목사 (당회장 이기혁)
1965~84	서울노회 구의교회 담임목사
1983~84	서울노회 부노회장
1984~87	Akron(OH) 한인교회 담임목사
1987~97	Rockford(IL) 한인교회 담임목사
1997. 3. 30	Blackhawk노회에서 영예은퇴 "Honorable Retirement"
1997. 7~12	부르밍톤한인교회 설교목사
1999. 11~2000. 6	대성장로교회 설교목사
2002~2003	실리콘벨리 노인선교회 초대회장
2006~2007	미국장로교은퇴목사회 5대회장
2006. 1~4	한빛교회 Sacramento 설교목사
2006. 9~2007. 4	대성장로교회 임시당회장
2009. 7~8	시온 영락교회 설교목사

2) 나의 은퇴

나는 Rockford 한인교회에서 목회를 마치고 1977. 3. 30에 은퇴하여 소속노회 Blackhack 노회로 부터 "영예은퇴서" (Honorable Retirement)를 받았다.

"영예은퇴서"는 은퇴하는 자 누구에게나 다 주어지는 것이 아니고 노회의 목회 위원회에서 심의하여 목회에 대과 없이 영예롭게 은퇴한 자라고 인정받은 자들에게만 주어지는 증서다.

미국교회에는 한국에서와 같이 원로목사나 공로목사의 제도가 없다.

은퇴란 일반적으로 공직에서 일하든 일을 끝 마치고 일터에서 물러나는 것을 은퇴라고 한다.

은퇴의 연령은 각 나라마다 각 기관마다 각 교단마다 각기 다르나, 미국 사회의 일반 흐름은 65세가 되면 일반적으로 은퇴하는 것이 사회의 흐름이다.

근래에는 사회보장제도의 혜택에 따라 몇 개월씩 늦어지고 있다고 한다.

한국 교회의 통합측 교단에서는 은퇴연령을 70세로 하고 있는 것으로 알고 있다.

어떤 이들은 미국장로교단의 헌법에 은퇴연령이 없으니 한국 교회도 은퇴 연령을 없이 하자고 주장하는 이들이 있다고 한다.

미국의 흐름은 너·나 할것없이 65세가 되면 의례히 은퇴할 줄 알고 있다. 그래서 헌법에 명시할 필요성이 없어서 명시하지 않은 것 뿐이다.

어떤이는 「나에게는 은퇴가 없다」고 한 책을 쓴이도 있다(현봉학씨). 그 분의 경우도 이미 세번씩이나 은퇴한 기록을 갖고 있다.

24

지금 한국에서 100세가 넘으시고도 왕성하게 활동하시는 방지일 목사님도 은퇴하신 분이시다. 일단은 영등포교회의 당회장직에서 은퇴하시고 개인적으로 선교활동을 하시는 분이시다.

그의 생활철학으로는 "앉아서 녹쓸어 죽기 보다는 일하다 달아서 없어지자"고 외치시는 분이시기에 그의 정신력은 대단하신 분이시다.

성경에서는 수많은 사람들의 직업에 대하여 은퇴에 대해 말하는 직종이 없다. 그러나 다만 레위지파의 제사장 직분에 대해서만은 연령을 제시하여 50세까지만 일하게 하신다.

다윗 왕의 초기에는 30세에서 50세까지 일하게 하시고 (민4: 3~20, 30)

후기에는 25세부터 50세까지 일하게 규정하고 있다. (민8: 23~26)

그러면서도 50세에 제사장직은 쉬되 제사장의 분깃으로 제물은 같이 나누게 하셨다.

이것이 은퇴제도의 규범이라고 본다.

사람은 누구나 나이들면 노화하게 되어있고 늙으면 체력이 한계에 이르고 체력이 한계에 이르면 정신력도 약화되어 일하기가 어렵게 된다. 늙으면 기진하여 죽는다고 했다.

• 은퇴해야 할 이유

1) 신체적인 노화

신체에 노화현상으로 제일먼저 오는 곳이 눈이다. 눈이 어두어지고 귀가 멀어지고 치아가 흔들리고 손·발의 근육이 완화되어 손이 떨리고 발에 힘이 없어져 작은 돌에도 부딪쳐 넘어지고 넘어지면 젊은 사람과 달리 손·발의 뼈가 상하거나 엉덩이 뼈가 상하게 되어 오랫동안 고생하시는 이들을 많이 보게 된다.

전도서 12:1~8에서 인생의 노화현상을 잘 묘사한다.

집을 지키는 자들이 떨것이며 – 팔·다리가 떨 것을
창들이 어두어 질 것 – 눈이 어두어질 것을
길 거리의 문이 닫일 것 – 귀가 멀어질 것을
맷돌질하는 자들이 적어질 것 – 잇발이 흔들릴 것을
살구 나무에 꽃이 필것 – 머리에 흰머리가 될것을
힘있는 자들이 구부러 질 것 – 허리가 구버질 것을
음악하는 여자들이 쇠하여질 것 – 성대가 변할 것을
메뚜기도 힘이 될 것 – 힘이 없어질 것을
원욕이 그치리니 – 원하는 소욕대로 할 수 없을 것을
은줄이 풀리고 – 근육의 힘줄이 완화될 것을

금 그릇도 항아리도 깨어지면 결국은 죽는다고 했다.

구약에서
사람이 늙으면 기운이 진하여 기진하면 결국 죽는다고 묘사한다.
아브라함이 그랬고 창 25:8-
이삭이 그랬고 창 35:29-
야곱이 그랬다 창 49:33-
다윗이 나이 많아 늙으니 이불을 덮어도 따뜻하지 아니하고 젊고 이쁜여자 아비삭을 품에 안겨 주어도 동침치 아니했다고

한다. (왕상1:1~2)

나도 젊어서는 축구를 좋아했고 정구를 오래 쳤으나 지금은 공을 따라 뛸 수가 없다.

보기에는 누구 만큼 젊어 보이고 마음으로는 의욕이 있으나 몸이 마음대로 따라 주지를 못한다.

이것이 노화의 길이다.

시인 김관진(1907~1989)씨의 글에 의하면
60대는 해 마다 늙고　70대는 달 마다 늙고
80대는 날 마다 늙고　90대는 시간 마다 늙고
100세에는 분 마다 늙는다고 묘사한다.

늙는 길의 내리막 길에는 기름이나 페달이 소용없다. 내리막 길의 가속이 붙어서 걷잡을 수 없이 내리 달린다 늙어서 기진하여 죽는다.

2) 정신적인 감퇴

젊었을 때 보다 나이 들면 기억력이 상실되어 자주 잊어 버린다. 머리에 기억했던 전화번호도 잊어먹는다. 그래서 수첩에 적어야 한다.

사고력이 둔화되고 판단력이 흐려진다. 감각 기관과 신경계통의 활동이 매우 약해진다. 그래서 걸음걸이는 늘어지고 모든 행동이 굼떠지고 어릿어릿해진다.

이러한 현상은 육체적인 노화현상뿐 아니라 정신적인 노화현상이라고 하여 어느 누구나 이런 노화의 길은 피하거나 면할 자가 없다.

내가 아는 친구 목사님은 안경을 벗어놓고 어디에다 두었는지를 몰라서 얼마나 찾고 찾았는지 모른단다.

찾다가 못찾았는데, 우연히 냉장고에서 찾았다고 한다. 그러면서 왜? 냉장고에 넣었는지도 모른다고 하시며 웃으신다.

그래서 요즈음에는 하도 잊어 먹기를 잘해서 증명서를 넣은 돈 지갑을 아에 쇠 사슬에다 매어서 바지 허리끈에 달고 다닌다고 하시며 웃으신다.

약을 먹고도 먹었는지? 안 먹었는지? 잘 분간하지 못한다고 한다.

그는 지금 60세가 넘은 분이시다.

나는 신학교 동기생 중에 Chicago에서 가깝게 지내시던 백 목사님과 반 목사님이 계신다.

백 목사님이 가장 연장자이시고 반 목사님이 조금 나이적고 내가 가장 어리다.

셋이서 자주 만날 때마다 백 목사님이 반 목사님에게

"반 목사님은 자녀가 몇이지!" 하고 묻는다.

그러면 반 목사님은 곧 "2남 3녀입니다"고 대답하신다.

그후 다시 만나면 또 물으신다.

똑 같은 질문에 똑 같은 대답을 하곤 했다. 이런 일이 몇번 반복된 후에, 아예 백 목사님 만나자 마자 "우리 자녀는 2남 3녀입니다"고 하고 서로가 웃었다. 자주 잊어버리기에 묻고 또 묻는다.

나는 이북에서 중·고등학교 교육을 받았기에 영어에 대하여 제대로 배우지 못했다. 이북에서는 로어를 배웠기 때문이다.

그래서 영어의 실력이 없다.

은퇴 후에 시간의 여유가 있어서 영어를 잘 배우려고 학원에를 다니며 공부해 보았다. 그러나 어제 배운 것을 오늘에 다 잊어 먹고 만다. 그래서 옛날의 노인들이 자주 잊어버리는 것을 이해하며 이제 나도 그런 나이가 되었구나 하고 생각한다.

3) 후대의 양성을 위하여

나이 들면 후대에게 인계하고 은퇴하는 것이 바람직하다.

위에서 본 대로 나이 들면 육체적으로나 정신적으로나 둔화되고 둔감하여 제대로 할 일을 못다한다.

미국 장로교 총회 교육부에서 발행한 제직수련회의 교재로 낸 「충성된 종이 되는길」이란 책이 있다. 그 교재의 머리글에,

"교회의 영적 수준은 당회원의 수준 이상이 될 수 없고 교회의 활성화는 교회 제직원의 헌신여하에 달렸다"고 했다.

교회의 지도자들이 영적으로 성숙하고 지적으로 성장하지 못하면 교회가 성숙하고 성장하지 못한다고 못박고 있다.

목회자는 그 시대에 따라서 영적으로 앞서가야 하고 지적으로 모든 정보에 민감하며 행정적으로 쇄신하여야 교회가 싱싱하고 생생하게 성장할 수 있다.

나이들어 행동이 둔화되고 세상정보에 둔감하여 뒤 떨어지고서도 말로만, "나를 따르라"고 외쳐댄다면 모순이다.

대개 은퇴를 미루는 자들은 노파심에서 자기가 하는것이 남보다 더 잘하는 것으로 착각하거나, 또 다른 면에서는 나의 노후의 생계를 더욱 연장하려는 욕심에서 오는 결과라고 본다.

이러한 과욕을 과감히 다 내려놓고 후배들에게 물려주고 나이든 사람은 제때에 물러나는 것이 바람직 하다고 본다.

4) 나는 나의 은퇴한 것을 다행으로 생각한다.

나는 Com맹이기에 더욱 그렇다.

오늘날 Computer 없이는 아무것도 못한다.

나날에 급변하는 수많은 정보를 따라 갈수가 없다.

Computer에 한손으로 크릭하기만 하면 원하는 성구들이나 설교의 내용이나 예화를 한 눈에 검색할 수 있고 한 자리에서 열람할 수가 있다.

그러나 나는 Com맹이기에 Ball Pen으로 노트지에 한 글자씩 일일히 써야 하고 한 구절식의 성구를 관주를 통하여 일일히 찾아야 한다. 그리고 그 글을 다시 보내여 타자를 치게하고 그 후에 다시 철자를 고쳐야 하는 교정을 거치는 과정과 수고가, 시간과 노력이 얼마나 오래걸리는지 실감하게 된다.

그래서 Com맹이 되면 늙으면 아무것도 할 수 없다고 절실하게 느끼면서도 이 글을 우직스럽게 쓰고 있다.

그러면서 대과 없이 목회를 일직 끝내게 된것을 다행으로 생각하면서 이 작업이 힘들지만 이것이 생의 마감이라고 생각하고 정리한다.

5) 사무엘의 은퇴

어떤이들은 성경의 은퇴의 교훈은 옛날 제사장들에게 주어진 것이기에 오늘의 우리와는 무관하다고 주장한다.

그러나 사무엘의 은퇴를 통해서 주시는 교훈은 오늘 우리에게 주시는 교훈으로 받는다.

사무엘의 경우 사울왕이 세워지자 자기는 지금 까지의 공직인 마지막 사사로서의 재판과 행정의 직분을 끝내고(행13:20-)

첫번째 선지자로서의 말씀을 선포하는 일과 예언하는 일을 끝내고 (행3:24-13:20-삼상3:19~21)

백성들을 위하여 제사장으로서 제사를 지내는 일도 끝내고 (삼상7:15~16, 삼상13:8~15)

길갈에 온 백성을 다 모으고 은퇴식을 고하고 자신은 단지
① 백성을 위하여 기도하는 일과
② 선하고 의로운 도를 가르치는 일을 할 것을 선포한다.

이것이 우리 은퇴자들이 본받아야 할 본 인줄로 생각한다. 사무엘은 백성을 위하여 기도하는 일을 쉬는 일은 죄를 범하는 것이라고 했고 선하고 의로운 도를 가르치는 길은 삶으로 본 보여 가르치는 일로 선포한다.

선하고 의로운 길을 가르치려면 자신이 죽도록 배워야 하고 죽도록 본되게 살아야 한다. 배우는 길은 죽기까지 해야하고 본으로 가르치는 일은 죽기까지 해야되는 일이다. 죽어야 졸업이 끝난다. 죽음으로 졸업하게 된다.

3. 옛날의 나

오는 4월 중순에 서울에서 장신졸업 50주년 희년기념대회로 소집하고 있다. (장신 제9회 졸업)

옛날이란 날을 언제부터로 계수하는 지는 잘 몰라도 약 50년 이 지난 날을 옛날이라고 불러도 무방하리라 사료 된다.

1) 나의 출생

나는 아버지 최택규 씨와 어머니 차성옥 씨의 4남2녀중 차남 으로, 본적 선천군 수청면 고읍리 217번지에서 1931. 3. 30일에 출생하여 아버지가 목회하시던 정주에서 성장하며 정주에서 국 민학교와 중·고등학교를 공부하고 평양신학교 예과에서 공부 하다 월남했다.

내가 군에 가 있을때 가호적령에 의하여 집에서 가호적을 할 때, 대서소의 서기가 계산을 잘못하여 32. 3. 30일로 등재하여 가호적에는 32년생으로 되어 있다.

2) 나의 성장

6·25때 월남하여 51년 5월에 부산에서 서울 장로회 신학교 가 부산진교회에서 개교할 때 복학 하였고, 52년 9월에 징병에 징집되어 57년 3월에 만기 제대하고 신학교를 복학하여 60년 3 월에 장신 제9회 통산 제53기로 졸업했다.

60. 4. 숭실대학 철학과에 편입하여

62. 2. 숭실대학 철학과 34회로 졸업했다.

3) 내고향 정주

내가 자란 고향은 평북 정주이다.

정주는 19개의 면이 있는 군소재지의 읍도시이다. 서북쪽으로 약100리길에 선천군과 북쪽으로 구성군, 동쪽으로는 박천군이 남쪽으로 안주군이 서쪽으로는 서해바다와 연계되어 있다.

정주는 교통의 중심지이다. 경의선에서 평양과 신의주의 중간 지점으로 정주에 기관구가 있었다.

기관구란 기관차와 기관사와 조수, 화부의 배차사무를 관리하는 사무국이다.

기관차에 물과 석탄을 보급하며 기관사에 조수와 화부를 배차하여 정주에서 평양까지와, 정주에서 신의주, 안동까지 갔다오게 배차관리하는 사무국이다. 또 정주에는 정주에서 삭주까지의 정삭선이 있어서 삭주에서 수풍과 벽동까지 연결했다.

정주지대는 반산 반야의 곡창지대가 되어 서해를 끼고 있어 산에서 나는 참숯에, 서해 바다에서 나는 계절의 고기를 구어서 이밥먹는 살기 좋은 곳이다. 서해 바다에서 나는 생선은 갈치, 조기, 민어, 준치, 병어, 복어, 광어, 갑오징어, 가제미, 새우, 꽃게와 조개와 장어 등 다양하다.

선천이 가까와 선교사들의 영향을 받아 종교와 신문화의 교육 도시였다. 그 유명한 오산학교와 정주중·고등학교와 평동노회가 경영하는 평동중학교가 있었다. 평동중학교는 공산권에 의해 폐교되어 정주중학교와 합병이 되었고, 교회는 정주읍교회와 정주중앙교회가 있었다.

정주 뒷 산에는 역사적인 홍경래난의 사적지로 북장대가 있고 동쪽에는 달래강이 흘러 서해로, 서쪽에는 삼장천이 흘러 서해로 들어간다.

3·1운동에 참여한 33인 대표 중에 김병조 목사와 이명룡 장로와 이승훈 장로가 있다.

3·1운동때, 학교와 교회가 참여했다고 오산학교와 정주읍교회에 일본 헌병이 불질렀던 사건이 역사적인 현장이다.

오산학교에서 많은 인재를 양성해 낸 사실은 널리 알려진 사실이다.

한경직 목사, 조만식 장로, 함석헌 선생, 현상윤, 김소월, 주기철, 김희보 목사 등.

정주출신의 인재들로는

백낙준 교수, 이광수, 김소월, 현상윤(고대총장), 방일영씨 가문(조선일보사), 백인제 박사(백병원장), 납천유기공장, 무형문화재로 유명한 이봉주 장로 등.

4. 내일의 나

내일이란 미래를 뜻하는데, 성경에서 내일이란 미래를 알수 있는 사람은 아무도 없다.

약4:13~17에서 내일 일을 알지 못한다고 경고해 주신다. 그러면서도 일년 동안 계획하는 어리석은 인생을 말한다.

눅12:16~21 어리석은 부자비유에서

스스로 생각하고 계획할 때 몇 년이고 먹고 마시고 살자고 할때, 네 영혼을 오늘 밤에 부르면 그 준비한 것이 뉘것이 되겠느냐고 교훈한다.

내 영혼은 하나님에게 속한 것이기에 하나님이 부르시면 가는 것이다. (욥27:8-)

하루 밤 사이에 무슨 일이 일어날지를 모른다. (잠27:1-)

성경이 분명하게 보이는것은 사람이 태어났다가 한번 죽는것은 정한 것이라고 했다. (히9:27-)

1) 성경에서 사람이 가는 길을 조상에게로 돌아간다고 했다.

성경에서 사람이 한 번 죽는 것은 정한 것이라고 한 죽음의 길은, 조상에게로 돌아가는 길이라고 했다.

성경에서 죽음을 정의하는 것은
① 하나님과의 분리 (창2:17-) (엡2:1-) (요8:44-)
② 육신의 몸에서 영혼이 떠나는분리 (약2:26-) (눅8:55-)
③ 영원한 형벌을 (계2:11- , 20:6- , 13~14, 20:8-)

육신의 몸에서 영혼이 분리되는 육체의 죽음을, 조상에게로 돌아간다고 표현한다.

창5: 은 긴 장은 아니나, 무두셀라가 가장 오래살아서 969세까지 살았으며, 드디어 죽었다고 했고, 아담이 아들을 낳고 130세에 죽었고, 아들을 낳고 … 죽었더라고 하는 표현은 8번이나 반복된다.

이것이 인생의 죽는길이요. 조상의 길로 가는 길이라고 표현한다.

창15:15에서 하나님이 아브라함에게 너는 평안히 장수하다가 조상에게로 돌아가리라고

창25:8에서 그가 나이많아 175세에 기운이 진하여 죽어 자기 열조에게로 돌아갔다고 했고

창49:29~33에서 야곱이 기운이 진하여 죽어, 자기 열조에게로 돌아가 장사했다고, 이스마엘은 향년이 137세에 기운이 진하여 죽어 장사했다고 한다. (창25:17-)

성경에서 죽음을 보지 않은 예외적인 사람으로는 에녹이 하나님이 데려가심으로 세상에 있지 아니하였다. (창5:24-)

엘리야는 회리바람을 타고 승천하였다고 전한다.(왕하2:11-)

2) 성경에서는 죽은 자를 잔다고도 했다

행7:60. 스텐반이 돌탕에 맞아 죽을때…… 말을 하고 자니라고 하여

행8:1- 그의 죽음을 마땅히 여기니라고

요11:11 예수님께서 나사로의 죽음을, 내친구 나사로가 잠들었다고

막9:24 회당장 야이로의 딸이 죽었는데 그의 집에서 죽은 것이 아니라 잔다고 했고

마27:52 무덤이 열리며 자던 성도들이 많이 일어나니라고 했고

히13:36 다윗이 잠들었다고 했고

살전4:13~15 자는 자들에 관하여는… 했고

고전15:16- 주를 본 사람들이 태반이나 살았고 어떤 이들은 잠들었다고 했고 죽은 자들은 그리스도 안에서 잠자는 자들이라 묘사한다.

3) 나의 소망

나도 머지 않은 미래에 어김없이 죽어 조상들의 길에 가서 잠

들게 될 것이다.

죄와 허물로 죽었던 나를 하나님이 그리스도와 함께 살리시고 (엡2:2~4)
하나님이 보내신 독생자 예수를 구주로 영접하여 하나님의 자녀되게 하시어
그 아들을 믿는 자마다 멸망치 않고 영생을 얻게 하시는 영생의 삶을 (요3:16-)
주님이 예비하신 (요4:1~2)
하나님의 나라에서 영원히 사는 (롬8:15~16)
영복을 누리게 될 것을 소망한다 (계21:22:)

제Ⅱ장
나의 아버지와 어머니

제Ⅱ장 나의 아버지와 어머니

1. 나의 아버지, 최택규 목사 (1902~1949)

나의 아버지의 본적은 평북 선천군 수청면 고읍리 217번지에서
부 최창악 씨와 모 김가녀 씨의 4남2녀중 장남으로

1902. 2. 8   출생하시어
1921. 3.   선천 신성학교를 졸업하시고
1923. 3.   평양 숭실전문학교를 마치시고
                의주, 구세학교에서 교편을 잡으시다가
1929.   평양 신학교에 입학하시면서
                의주 수진면 수구교회 전도사로부터 목회 생활
                을 시작하셨다.
1922.   차씨 가문의 성옥씨와 결혼
1941.   평양신학교 제34회 졸업
1941.   평동노회에서 목사안수
1934~48.   정주 덕언면 덕흥교회, 의연교회, 덕성교회,
                동사 목사 시무

1948~49.   정주 갈산면 고읍교회 시무
1949.   정주 중앙교회 시무
1947~49   평동노회 노회장 역임
1949. 12.   공산당 정치보위부에 납치 순교

평동노회 : 1939. 10. 24. 평북노회로부터 분립된 노회로 정주군과 구성군과 박천군 지역의 교회로 구성
분립당시 조직교회 28개교회
미조직교회 25개교회 도합 53개교회

2. 아버지의 목회

그후 1934년 정주 덕언면에 소재한 덕흥교회에 부임하여 1948년 8월까지 15년간에 이웃 의연교회와 덕성교회의 동사 목사로 시무하셨다.

의연교회와 덕성교회는 덕흥교회의 좌우로 약 10리 간격에 있는 교회였다.

그후 1948년 8월 갈사면에 있는 오산학교 앞에 고읍교회를 거쳐 49년 8월에 정주중앙교회로 초빙되어 목회하시다가 그해 12월에 정치 보위부에 납치, 행방불명되어 순교 당하신 순교자로 한국교회 순교자 100명중의 한 사람이다.

1) 덕흥교회

정주군 덕언면 덕흥동 1803번지에 소재한 오랜 역사를 가진 교회이다.

이명룡 장로, 강리형 장로, 문경천 장로님 가정들이 섬기던 교회로, 강리형 장로님 가문 김세윤 권사님 가정에서 문전 옥답 약 천평을 헌납하고 이명룡 장로님 가정에서 거액의 헌금과 온 교인들의 힘을 합해 현대식 기와집으로 약 30평의 십자형 마루 바닥으로 지어진 교회다.

시골 교회로서 매주일 100여명이 회집되는 교회로 이 교회에서 많은 인재들이 배출되었다.

이명룡 장로님 가문에서 장남 이경화 장로, 차남 이경선 장로, 장녀 이경신 권사(105인 사건의 선우 훈 장로의 부인) 손자들 중에 이만영 장로, 이대영 장로, 이태영 장로 등.

강세윤 권사님 가문에서 장남 강병주 장로(胃), 차남 강병운 장로, 장녀 강병주 사모(珠)는, 동신교회 김세진 목사님의 사모님이시다. 4녀 강병도 권사 손자들로는 NASA에 강상욱 박사, 강형욱 장로, 강충욱 목사 등.

강씨네 가문에서 강상우 목사, 강도순 목사, 강병무 목사 등

문경천 장로님 가문에서 장남 문은균 장로, 차남 문승균, 3남 문성균, 서랑, 백인욱 장로 등

3·1운동의 대표 중 김병조 목사님 가정도 이 교회에 몸담고 있고 그 아들이 김행식 목사로 감리교단에서 은퇴했다.

이들 외에 월남하신 분들 중에 백무석 장로, 조약연 장로, 이진호 장로, 이성호 권사, 김신욱 목사와 그의 아들 김기영 목사 등

김창복, 김창현, 김승하, 조이석, 이연호, 전경선, 전인신, 강도민, 강춘근, 강자명, 강병철, 강병찬, 전인실, 김봉준, 임성수 등

이웃 의연교회에서는 김창신 장로님 가정과 김성의 장로님 가

정, 무형문화재 77호로 유명한 이봉주 장로님 가정, 이봉주 장로
님은 정주에 대표되는 명인이다.

2) 정주중앙교회

정주중앙교회는 정주읍교회에서 분립된 교회다. 옛날 교회들
은 자체 교회의 교세가 300명 이상 넘으면 지역내에 지 · 교회로
분립하여 키워내는 것이 불문률이었다고 한다.

정주중앙교회의 장로로 시무하시다가 월남하시어 장로회 신
학교 제3회 졸업생으로 현재는 침례교단의 Liberty신학교 교수
로 시무하시는 김창렵 목사님의 증언에 의하면 정주읍교회에 조
시항 목사님이 시무하실 때 이태양 전도사가 평양신학교 제31회
1938년도에 졸업하자 목사 안수를 주고 교회를 분립하여 정주
중앙교회로 세웠다고 한다.

정주읍에는 동서로 가로지르는 불종거리가 있다. 그 불종거리
를 기준으로 남쪽지역은 중앙교회의 관할구역으로 삼고, 불종거
리의 북쪽은 읍교회의 관할구역으로 나누었다고 한다.

그래서 남쪽의 성내동 일부와 덕산동이 중앙교회의 관할구역
이되고 북쪽의 성내동 일부와 서주동이 읍교회의 관할구역이 되
었다고 한다.

이때 중앙교회의 중심 인물들은 이경화, 이경선 장로 가정과
선우 훈 장로님 가정과 노광근 장로님 가정 등이 주동이 되어 시
멘벽돌 건물 약 70평 2층 건물을 마련하였다.

1943년 신사참배 문제로 이태양 목사님이 사임하시고 후임으
로 김양선 목사님이 부임하셨다가 46년에 월남하시고 그 후임에

교계의 원로이신 계리영 목사님이 시무하시다 별세하신 후

49년 8월에 나의 아버지(최택규 목사)가 청빙받아 고읍교회를 사임하시고 중앙교회로 부임하셨다.

그해 12월에 정치보위부에 납치되어 순교의 길을 가시게 됐다.

3. 아버지의 활동

1) 11 · 3 주일선거

45년 8월 15일은 일본의 제국주의 통치에서 해방되던 날이다. 이 날은 삼천리 강토에서 온 민족과 온 겨레가 해방의 감격에 춤추던 날이다.

하나님께서 우리 민족에게 주신 선물의 날이었다.

그러나 이 감격의 기쁨이 채 가시기도 전에 민족의 비극이 왔다. 그것이 남과 북을 잘라놓은 북위 38° 선이란 것이다.

북위 38° 선 이북에는 소련군이 주둔하여 일본군의 무장을 해제케하고 38° 선 이남에는 미군이 주둔하여 일본군의 무장을 해제케 한다고 분담을 담당했다고 한다.

그래서 38° 선으로 남북의 경계가 생기면서 북에서는 남으로 갈수 없고 남에서는 북으로 갈수 없는 경계로, 남과 북이 분리되는 분단국가가 되어, 오늘까지 남북이 왕래하지 못하고 있다.

그러면서 남 · 북이 나뉘인 채. 남쪽은 남쪽대로 북쪽은 북쪽대로 행정부를 조직하여 세우기로 했다.

여기에 북쪽에서는 46년 11월 3일에 '북조선 인민위원회'를 조직하면서 김일성을 행정 수반으로 모시는 총선거를 실시하기로 공포가 되었다.

11월 3일이 바로 주일이었다.

이들이 주일로 선택한 데는 주일은 공휴일이기에 일하는 노동자들도 쉬는 날에 투표에 참여하여 경제적으로는 손실이 없고 참여에 능률을 높일것으로 계산하였다고 한다.

그러나 교회의 지도자들과 목회자들은 주일날이 문제가 되었다. 하필이면 주일날에!

주일날에 투표에 참여하여 선거를 한다는 것은 신앙의 행위나 교리에도 어긋나는 일이므로 마음에 큰 걸림돌이 되었다.

한 사람 두 사람 뜻 있는 사람들의 뜻을 모아 드디어 이북 5도 교회연합회를 조직하기로 했다.

2) 이북 5도 교회 연합회

45년 12월 초에 평양 장대현교회에서 이북5도 평안북도, 평안남도, 함경도, 황해도, 강원도 일부의 5도 산하의 16개 노회의 총대들을 소집하여 이북 5도 교회 연합회를 조직하기로 하여 회장에 김진수 목사, 간사에 김철훈 목사, 김길수 목사, 이유택 목사로 하고 다음과 같은 결의문을 채택했다.

〈결의문〉

① 5도 연합회는 남북이 하나되기까지 총회를 대행한다.

② 총회의 헌법은 남·북이 하나되기까지 그대로 사용한다.

③ 전교회는 신사참배의 죄과를 사죄하고 교역자들은 2개월 이상 근신한다.

④ 신학교는 5도 교회연합회가 직영 운영하고 교장에 김인준 목사를 인준한다.

⑤ 조국을 기독교국으로 목표삼고 총무에 전재선 목사로 하고
   전도운동에 주력한다.
⑥ 교회의 대표사절은 연합군과 남한의 교계와 정부에 결의문을
   전달키 위하여 대표로 이인식 목사와 김양선 목사로 한다.

3) 당시의 배경

8 · 15해방이 될때에 신사참배로 신앙의 절개를 지키던 성도
들이 감옥에서 옥고를 치르다가 대거 출옥된 출옥 성도들이 있
었다.

애석하게도 8 · 15의 광복을 맞기 전 차디찬 감옥에서 신앙의
절개를 지키다가 우주보다 더 귀한 하나 밖에 없는 존귀한 생명
을 아낌없이 희생하여 순교한 분들이 여렀이었다.

주기철 목사님 44. 2. 21
박봉건 목사님 44. 8. 15
박연세 목사님 43. 2.
양용근 목사님 43. 12. 5
이우석 목사님 43.
박관준 장로님 45. 3. 13
이병규 목사님 45. 8. 13
이현설 목사님 45. 5. 3

이 외에도 여러분들이 감옥에서 순교하셨다. 이들의 순교를
진심으로 추앙하고 존경합니다. 사랑합니다.

그러나 출옥한 성도들이 산정현교회에서 모임을 갖게되었고
문을 닫았던 산정현교회의 문을 열고 신앙의 절개를 지키다 옥

고를 겪으며 승리한, 승리의 격려를 받으며 이들의 인기와 존경은 하늘에 닿았다.

이들이 간증집회를 하고 비판의 소리를 높일 때 회중들의 환영의 열기와 호응은 대단했다.

그 중에 안이숙 선생의 "죽으면 죽으리라"는 간증집회에 수많은 회중들이 따랐다.

그래서 생긴 교파가 재건파요 복구파였다.

그 대표적인 인물들이 주남선 목사, 이기선 목사, 채정민 목사, 한상동 목사 외에 20여명의 인사들이었다.

이들이 49. 9. 20 산정현교회에 모여 결의문을 결의하여 발표했다.

<결의문>

① 한국교회는 27회 총회시에 결의한 신사참배의 결의를 취소하고
② 교역자들은 최소 2개월이상 회개근신하고
③ 교역자가 근신기간에는 평신도로 강단을 지키게 하고
④ 재건의 결의문은 전국교회에 시달하여 시행케하고
⑤ 신학교는 재조직하기로 한다.

● 신사참배

일본 사람들이 섬기는 「천조대신」을 모시는 신사에 경배하게 하는 결의다.

신사에 참여하여 참배케 할 뿐 아니라 예배 시에 교회에서 동방의 궁을 향해 묵도를 하게하여 신사참배의 의식을 행하게 강요했다.

45. 11. 14 평북노회가 주최한 퇴수회가 선천 옥호동 약수터 (이경화 장로 경영)에서 강사로 이기선 목사와(출옥성도) 박형룡 목사(만주신학)를 모시고 모였을 때, 당시 27회 총회 총회장이었던 홍덕기 목사(평북철산)는 때의 상황으로, 교회를 지키는 길은 그 길 밖에 없었다고 하면서 교회를 버리고 양떼를 버린 교역자들이 참 목자냐고 하고 신사참배는 국민의 의례로 알고 내심으로는 하나님께 기도드렸다고 했다.

그러나 악한것은 모양이라도 버리라고 했는데 (살전5:22-) 악한 모습을 따랐으니 마땅히 회개해야 한다고 가닥을 잡았다고 한다.

이런 배경에서 출옥 성도들은 기성교회는 우상에게 경배한 마귀당이라고 하고 기성교회 성도들은 마귀의 자식들이라고하여 교류를 끊었다고 한다.

때에 재건파 일부 한상동 목사와 주남선 목사와 일부가 경남노회에 와서 46년 6월부터 8월까지 신학강좌를 시작으로 고려파신학교가 시작되면서 박윤선 목사를 신학교 교장 서리로 모시고 출발했다.

때에 온 교회적으로 신사참배에 대한 깊은 참회와 죄책을 느끼며 회개했다고 한다.

교역자들은 2개월씩 근신하며 참회했고 그때에 평신도들이 강단을 지켰다고 한다.

옥중생활로 신앙의 절개를 지키지 못한 유약한 모습으로 순교하지 못함을 부끄럽게 생각하며 회개했다고 한다.

이런 때에 11. 3 주일선거가 불거진 것이다.

그때의 분위기로는 이제 다시 주일문제에 선거를 하게되면 다시 신앙의 절개를 지키지 못하고 복음의 교리를 지키지 못한 과오로 다시는 마귀의 새끼니 마귀당이니 하는 비난을 면하자고 다짐하는 배경이였다고 한다.

4) 이북 5도 교회 연합회 임시총회

드디어 46년 10월 20일 평양 장대현교회에서 이북5도 교회연합회 임시총회가 소집되어 의제 "11월3일 주일선거를 어떻게 할 것인가"로 토의하게 됐다.

때에 이북5도 산하 16개 노회 대표로 총대 93명과 평양의 교역자들과 관심있는 상당한 교인들로 운집한 수가 약 천명에 가까운 회집이었다고 한다.

위에서 분위기와 각오로 지난 날에 순교하지 못한 것을 부끄럽게 여기고 지난 날 복음의 진리를 제대로 지키지 못함을 참회하며 유약함을 회개하는 마음으로 이번에는 신앙의 행위와 교리적으로 부끄러움 없이 담대하게 대처해 나가기로 굳은 각오들이었다고 한다.

아래와 같은 결의문을 채택한다.

〈결의문〉

① 교회는 성수주일을 생명으로 알고 주일선거에는 참여 할 수 없다.
② 종교와 정치는 엄격히 분리한다.
③ 교회당의 신성을 확보하는 것은 교회의 의무요 권리다. 교회당은 예배 외에는 사용할 수 없다.
④ 교역자로서 정계에 종사하는 자는 교직을 사임해야 한다.
⑤ 교회는 신앙과 집회의 자유를 확보한다.

이상의 결의문을 만장일치로 결의하고 채택한 결의문을 각노회로 곧 시달하기로 하고 각 교회의 교인들로 성수주일 하는 일에 격려하기로 하고 또, 이 결의문을 김일성과 소련군 사령부에 전달하기 위해 대표 7 사람을 선정하기로 하여

회장 김진수 목사와 김길수 목사, 김화식 목사, 김철운 목사, 지형순 목사, 이유택 목사, 최택규 목사 등 7 사람을 선출하였고 회장 김진수 목사는 선출된 대표들을 한 사람씩 호명하여 김길수, 김화식, 김철훈, 지형순, 이유택, 최택규를 강단 위에 세우고 김진수 목사님은

"우리 대표들 일행은 옛날 모세가 바로왕 앞에 가는 심정으로

가겠습니다. 우리가 다시는 이 곳에 돌아오지 못할 수도 있습니다. 우리는 다만 하나님의 권능과 하나님이 함께 하실 것을 확신하고 갈 것입니다.”

라고 인사하니 온 회중이 우뢰와 같은 박수로 화답하고 이어서 회장이 김윤찬 목사로 기도케 하니

“하나님 아버지 옛날 이스라엘 민족을 애굽 땅에서 인도하여 홍해를 육지같이 지나게 하시고 광야의 매마른 땅을 지나 가나안에 이르게 하신 하나님! 우리의 민족을 불쌍히 여기시고 사랑하사 8·15의 해방을 주심에 감사합니다. 허나, 남북이 나뉘어 이북5도 교회연합회가 7인의 대표를 뽑아 김일성에게 보내오니 하나님의 도우심으로 함께하심을 간구합니다.

강한 용기와 굳센 믿음의 담력으로 승리하고 돌아오게 하옵소서…”

간절한 기도에, 은혜 중에 뜨겁게 아멘으로 화답하고 이어서 찬송가 384장 「내주는 강한성이요」 마틴루터가 종교개혁 때에 지었다고 하는 그 찬송을 반복하여 부를 때, 김진수 목사를 선두로 한 사람씩 강단을 다 빠져 나갈 때까지 격려와 응원의 힘찬 박수가 이어졌다고 한다.

7인 위원들이 다 나간 후에 회중에서
“여러분 이들이 돌아올 때까지 자리를 떠나지 말고 기도합시다”
고 해서 그자리에서 통성기도가 이어졌다고 한다.

5) 기독교도 연맹조직

파송 받은 7인 위원은 곧 바로 당시 공산당 서기장으로 있는 강량욱 목사를 찾아 갔다.

강량욱 목사는 김일성의 작은 외할아버지가 되는 분이시다.

김일성의 아버지는 김형진이요. 어머니는 강반석이고 강반석의 아버지가 강돈욱이고 강돈욱의 동생이 강량욱이다. 즉 어머니 강반석의 삼촌이다.

그래서 7인 위원들은 강량욱을 찾아가면 김일성을 쉽게 만날 수 있을 것으로 큰 기대로 갖고 찾아 갔다. 가서, 결의문의 배경과 건의 할 사항은 선거일을 주일에서 다른 날로 옮겨줄 것을 건의하려 김일성 면담하기를 청원했으나, 그 내용을 들은 강 목사는 일언지하에 거절하며 7인 위원들을 손님으로 대하지도 않고 김일성의 면담도 이루지 못한채 박대를 당하고 물러나야 했다고 한다.

그리고 강량욱 목사는 급히 자기의 친구 목사인 중국선교에서 돌아와 있는 박상순 목사를 불러서 기독교도 연맹이라는 이름으로 한 공문을 발송하게 한다. 이것이 기독교도 연맹의 시작이다.

기독교도 연맹의 박상순 명의의 공문은
① 우리 기독교도들은 김일성 정부를 지지한다.
② 우리는 남한의 정치 정권을 인정하지 않는다.
③ 교회는 민중의 지도자가 될것을 공약한다.
④ 그러므로 우리 교회는 솔선수범하여 선거에 앞장 선다.

이 하달된 공문은 특급 공문으로 각 도의 군 읍 면으로 행정기관을 통하여 직접 각 지교회로 하달되었다.

그래서 이 공문은 이북 5도 교회연합회의 공문 보다 앞서서 각 지교회로 송달 되었다고 한다.

그 후 기독교도 연맹은 조직을 강화하여 중앙위원회 위원장에 김익두 목사를 총무에 전재선 목사를 세우고, 서기에 조택수 목사를 세워서 각 도에는 도 단위로 군마다, 각 노회마다, 지회를 조직하여 모든 교역자로 하여금 기독교도 연맹에 가입케 하고 교도연맹에 가입치 않는 교역자는 강단권을 회수하고 그 교회 사택에서 물러가게 강권 하였다.

이로부터 교회와 정권과의 대립은 극심하게 되었다.

4. 아버지의 순교

당시 기독교도 연맹의 권세는 막강했다.

총무로 일하는 전재선 목사는 그 권세를 업고 각 노회마다 교도연맹에 가입하도록 노회적으로 결의하게 강압했다.

교도연맹에 가입하지 않는 교역자들은 교단에 서지못하게 하고 그 교회의 사택에서 물러가게 강권했다.

이북 5도 산하의 16개노회가 차례대로 교도연맹에 가입하는 결의를 하고 노회마다 지회를 조직하는 결의를 해나갔다. 그 결의하는 노회 산하의 뜻있는 교역자들은 자진 사임하고 대부분 월남했다.

이 때 평양 산정현교회에 시무하는 이기선 목사 외에 30개 교

회가 장로교 교단을 탈퇴하고 독립교회로 교단의 관리나 교도연
맹의 관리에 항의 항거했다고 한다.

아울러 재건파교회에서도 독립을 선언하고 명칭을 "대한예수
교장로회 재건교회"에서 "대한예수교재건교회"로 개명하여 교
도연맹에 항거했다고 한다.

아버지는 47년부터 49년까지 납치되어 순교할 때까지 평동노
회 노회장으로 역임하셨다.

원래 노회장직은 1년직이다.

48년도 정기노회가 정주읍교회에서 모이어 새 임원을 선출하
고 임원교체를 하려했으나, 새로 선출된 회장이 극구 사양하여
회장직을 거부하여 회원들이 한 해만 중임하자고 한것이 다음
해에도 또 반복이 되였다.

이유는 간단하다. 노회의 분위기로는 교도연맹에 반대하는 흐
름인데, 노회장이 되면 그 교도연맹의 권세에 시달리게 될 것을
염두에 두었기 때문이다.

평동노회에서 경영하는 평동중학교가 있었다. 아버지는 노회
장직으로 평동중학교 이사장직에 있었다. 47년 12월에 학교가
폐교되어 정주중학교와 합병이 됐다.

때에 뜻있는 선생님들과 학생들이 대거 월남했다. 남한으로
오시어 활약하신 선생님으로는 김순명 선생, 식물선생님이시다.
대구 제1교회의 장로님과 보성여학교의 교감으로 은퇴하셨다.

영어선생님 김창주 선생님은 월남하시어 장로회 신학을 공부
하시어 장로회 신학교 제49회졸업 (1955년도) 하시고, 부산신학
교 조직신학 교수와 대광고등학교 교목과 Philadelphia에서 갈

보리교회를 담임하시고 목회하시다 은퇴하셨다.

서무선생 김창렵 선생님은 월남하시어 장로회 신학을 공부하시고 47회졸업(1953년도)하시어 미국침례교회 교단의 Liberty 침례신학교의 교수로 오늘까지 수고하시는 분이다.

학생들 중에서 목사가 되신 분들은 나를 비롯하여
강희로 목사 (원일교회 은퇴)
이원기 목사 (대전감리교회 은퇴)
임동섭 목사 (서울노회)
학생들중에서 장로되신 분들은
백무석 장로 (한강로교회)
선우만국 장로 (구의교회)
이기준 장로 (서부한인교회)

그 외에 사회적으로 활약하는 분들은 김상영 변호사, 숭대 김이철 교수, 진주교육대에 김창린 교수, 서라벌예고에 홍봉우 선생 등이다.

그외에도 각계 각층에서 활약하시는 분들이 많다.

아버지는 평동노회의 파송을 받아 평양신학교의 이사로 실행이사가 되어 신학교에 자주 들리셨고 신학교에 들릴 때마다 신학교의 경건회 설교를 맡으시곤 했다.

교장 이성휘 박사와 가까운 친분으로 48학년도 신학교 졸업예배설교도 맡으셨다.

듣는대로는 여호수아 1:1~9의 본문에서 "가나안으로 들어가자"는 제하의 설교로 감명을 주었다고 한다.

　그 후 49년도 12월의 평양신학교가 폐교되면서 이성휘 박사
도 행방불명되어 순교하시었다.

　아버지는 12월 19일, 교회 상가집이 있어 장례식에 가셨다가 교
회 집사님들과 같이 교회 앞까지 오셨다는데 행방불명이 되셨다.

　그 때 그 주간을 전후해서 고명하신 목사님들이 80여명이나
하나같이 행방불명이 되었고, 그 다음 해 6·25동란이 일어났고
후퇴시 사상범이나 정치범들은 모두 처형했다고 한다.

　행방불명된 이들 중에는 처형된 시체를 찾는 이도 있으나 대
부분들은 시신을 못찾고 소식도 모르는 상태에서 순교의 길로
가신 분들이다.

5. 나의 어머니 차성옥 권사 (1903. 10. 16~2000. 10. 8)

1) 나의 어머니 차성옥권사님은
본적이 평북 선천군 가물남면 가물남리에서
부. 차명수 씨와
모. 계명도 씨의 1남 2녀의 장녀로

1903. 10. 16일에 출생하여
1915.　　　　선천 순신소학교를 졸업하고
1922.　　　　최택규 씨와 결혼하여 슬하에 2남2녀를 두었다.
1949. 12.　　부군 최택규 목사의 순교의 길을 가시자
1950. 6. 25　동란이 일어나자
　　　　　　그해 11월에 도보 천리길로 월남하여 제주도까
　　　　　　지 피난했고 부산과 서울에서 교회의 전도사로
　　　　　　활약
1980년에　　딸 지숙이의 초청으로 이민
　　　　　　Akron Ohio주에서 자녀들을 돌보시다.
2000. 10. 8　97세로 별세하시어 Cleveland 한인 장로교회
　　　　　　에서 장례식을 치루셨다.

2) 어머니의 서원 기도
그날 49년 11월 19일 아버지는 저녁 늦게까지 집에 돌아오지 않으셨다. 아버지가 돌아오시지 못하자 어머니는 아버지를 기다려 밤을 지새우셨다.

새벽 4시경. 깊이 잠들어 골아떨어진 나를 깨우시며 애야! 아버지가 소식도 없이 집에 돌아오지 못하셨는데, 그렇게 잠이 오

냐? 고 하실 때, 나는 부끄러운 마음과 미안스런 마음을 금할 길이 없었다. 그러나 나도 마음 속으로는 큰 근심이 되었고 걱정도 되고 두려움도 있었다. 어쩌랴 쏟아붓는 졸음을 이길 수가 없어 골아 떨어져서 깊이 잠들어 있었다.

어머님은 잠도 덜깬 나를 데리고 교회의 기도실로 들어갔다. 그 때에는 새벽기도를 자유롭게 기도하곤 했다.

사찰이 5시경 교회의 문을 열면 각자들이 자유롭게 기도하고 갔다.

우리 사택은 교회 뜰 안에 있는집이라 교회의 대문을 열어놓는 일과는 상관이 없다.

이때의 어머님은 담담하셨다. 아버지의 예상은 언젠가는 이런 일이 있으리라고 짐작하고 있었던 것이다.

어머니는 이런 일이 있으리라 짐작하고 겨울에 접어들면서 양복 대신에 한복으로 입으시게 하시어 그날도 한복으로 두루마기를 입으시고 장례식에 가셨다.

만일을 위하여 감방에 가시더라도 감방에서 양복으로 추위를 이기기가 힘들기 때문이다.

어머니와 나는 찬 마루에 같이 꿀어 엎드려 이렇게 기도하기 시작하였다.

벌써 오래 전의 어린나이의 기억이지만 내용은 이렇다.

"전능하신 아버지 하나님! 지난밤에 주의 종이 공산당에 납치가 되셨는지 집에 돌아오지 못했습니다. 지금 어디에서 어떻게 지내는지 알수 없으나, 하나님 아버지! 하나님이 없다고하는 공산당에게 끌려간줄 압니다. 능력의 하나님! 주의 종으로 신앙의 절개를 지키어 나약하지 않게 하시고 집에 둔 식구들로 염려하지 않게 도와주세요. 이 추운 겨울 밤에 약한 몸 지켜주시기 바랍니다. 집에 있는 식구들에게도 함께 힘을 주시기 바랍니다. 전능하신 아버지 하나님! 주의 종과 우리가 원하며 기도해 오던대로 이 어린아이를 주님께 바칩니다. 이 아이로 하나님의 종이되어 아버지가 하던 일을 계속하게 도와주세요!"

이런 기도를 들으면서 아직도 잠에서 덜 깬 나는 정신이 벗적 들었다.
계속해서 어머니는 나로하여금 기도하라신다. 나는 어머님의 기도 따라 기도했다.

"하나님이여 이몸 드리오니 주의 종이 되게하시어 아버지가 하시던 일을 계속하게 하옵소서! 이 공산당에 굴하지 않게 담력과 용기를 더해주옵소서…"

어머니의 서원기도가 곧 나의 헌신의 기도며 아울러 나의 소명으로 받아드려졌다.
이날의 새벽기도가 나의 생을 하나님에게 헌신하는 생의 원동력이 되었다.
이 시간 이후로 가정예배에서의 기도가 계속되었다.
당시의 분위기로는 공산당에게 납치되면 다시 돌아오리라고 기대조차 하지 않았다.
나의 서원의 결단은 아버지와 같이 공산당과 싸워서 죽을 것을 각오한 결단이었다.
당시 분위기로는 신앙을 지키고 살 희망이라고는 촌치도 없었다. 신앙생활의 앞날은 내다볼 수가 없었다.

오늘의 나의 나 된것은 어머님의 기도의 힘이다.

3)성수주일과 자아비판

11월 3일 선거 이후로는 정부의 모든 행사가 주일마다 골라 행하였다.

학교나 공장에서는 매주일마다 미화작업이라고 해서 오전에 소집하여 11시가 넘으면 해산하곤 했다.

미화작업이라야 주변청소하는 일이다. 시간적으로 한 30분이면 족할것을 다른 날에 해도 얼마든지 할 수 있는 일을 일부러 주일 아침시간에 소집하여 교회에 가지 못하게 막는 길이였다.

나의 경우는 주일날 소집에 나갈 수 없었다. 내가 믿음이 있어서가 아니라, 목사의 집안에서 주일에 학교에 나갈 수가 없었다.

그러면 다음날 월요일 아침에는 학급마다 반성회라고 해서 주일날 불참한 자들을 한사람씩 불러내서 왜 못오게 됐으며 못나온 것이 잘한 일인지 잘못한 일인지를 자아비판하여 다시는 이런 일이 없게 다짐하는 시간이 자아비판의 사간이다.

나는 자아비판 시간에 단골손님이 됐다.

처음에는 두렵기도하고 떨리기도하더니 계속 반복되면서 도리어 담력이 생겼다. 두려움이 없어졌다. 물론, 이런 일이 반복되면서 나의 학교생활의 성분이라는 것이 기록에 남게되어 학생으로서의 성분은 인정받을 수가 없게 되었다.

학교나 공장에서 이렇게 해서 교회의 신앙생활을 하지 못하게 방해하여 웬만한 담력이 아니고는 교회에 참석하기가 어렵게 한다.

나는 이런 시련과 훈련을 통하여 성수주일에 대한 신앙개념을 확실하게 하고 성수주일에 대한 확신을 갖고 자랐기에 이후에 군에 가서도 군에서 외출하여 교회가기가 어려워도 성수주일하는 생활에는 큰 도움이 되었다.

4) 6·25동란과 인민군으로

50년 6월 25일 주일 아침이었다.

라디오에서 이상한 소리가 방송되었다. 남한군이 38°선을 넘어 도전해 왔다는 소식이다. 그래서 인민군이 즉각 대항하여 격퇴했다는 이야기다.

우리는 은근히 기대했다. 남한의 이승만 국방군이 공산 세력을 진압하여 통일이 되게 해줄 것을 은근히 기대하고 있었다.

남한의 국방장관이라는 신성모 장관이 대북 방송에서 장담하기를 "이북 동포들이여 우리 국방군이 서울에서 아침을 먹고 출발하면 평양에서 점심먹고 신의주에서 저녁먹게 될 것이라"고 호언했기에 기대했다.

그러나 하루 이틀이 지나면서 믿을수 없는 이상한 의심스러운 전세의 소식만 방송되었다.

인민군은 공격해오는 국방군을 격퇴하여 38°선을 넘어서 개성을 지나 서울을 함락하고 계속해서 남진을 계속하고 있다는 소식 보도이다.

믿어지지 않고 의심스럽기만 했다.

얼마쯤 후에는 공습기 비행기가 네대씩 날아와서 여기저기 폭격을 하고 기총소사를 하고 해서 여기저기에서 불이나고 무서운 일이 난발되었다. 날마다 공습은 심해지고 반복되었다.

시민들은 집에서 아침을 먹고 점심을 준비하여 공습을 피해

산 계곡에 가서 피신했다가 공습이 끝나는 저녁 때이면 내려와
서 저녁을 먹곤했다.

　7월 17일 저녁 때다. 산에서 식구들이 내려와서 저녁을 기다
리고 있는데, 반장이 찾아와서 자기를 따라 오란다. 아무런 설명
도 이유도 없이 나는 영문도 모른채 반장을 따라 집을 나섰다.
　집에서 조금 떨어져 있는 언덕 위에 큰 건물이 있었다. 전에
일본 사람들이 경영하던 "이로하" 여관이다.
　반장이 앞장서서 문을 열고 들어서니, 입구에 책상이 놓여 있고
책상 위에는 서류들이 있고 책상에 젊은이들 둘이 앉아 있었다.
　반장이 책상에 앉아있는 젊은이들에게 닥아가서 내 이름을 대
며 서류쪽지에 이름과 주소를 적고 반장에게는 한 쪽지에다 도
장을 찍어주어 쪽지를 들고 나갔다.
　나는 오른쪽으로 홀안에 들어서니 젊은이들 10여명이 벽을 기
대어 앉아 있었다. 나도 그 젊은이들과 함께 했다.
　듣는대로 이것이 인민군으로 차출되는 길이란다. 얼마 후에
군추럭이 와서 싣고 간단다. 그래서 군추럭이 오기를 기다리고
있단다.
　얼마 후에 저녁이라고 해서 주먹밥 한 덩어리씩을 나누어 먹
었다. 반찬도 국물도 없는 소금물 뿌린 주먹밥이었다. 그러는 사
이 또 몇 젊은이들이 나와 같이 끌려와서 대충 20명 가까이 되
었나 보다. 그런데도 추럭은 오지 않았다.

　저녁 8시가 지나자 공습경보가 울렸다. 대개 공습경보는 낮에
자주 울렸으나 저녁 때에 공습경보가 울린 일은 처음이다.
　순간 마음 속으로 비행기가 와서 이곳을 폭격하여 내가 죽는

한이 있어도 다 죽였으면 하는 생각이 스쳐지나갔다.

입구에 책상머리에 앉았던 젊은이가 우리를 보고 앞마당 귀에 방공호가 있으니 빨리들 방공호로 들어가란다. 이 방공호는 일본 사람들이 만들어 둔 방공호였다. 한 사람씩 어슬렁 어슬렁 방공호를 향해 나갔다. 나는 문박으로 나서면서 생각이 났다. "이때다"고 생각했다. 밖은 아직 어둡지가 않았다.

문을 나서면서 왼쪽 담벼락을 끼고 건물 뒤로 돌아서 여관 담벽을 뛰어 내려서 그 길로 집으로 달려왔다. 집에 굳게 잠겨있는 대문을 급히 두드렸다. 놀란 어머니는 겁먹은 얼굴로 대문을 열면서 어떻게 된일이냐고 묻는다. 어머님의 말씀이

지금 막 반장이 쪽지를 주며 인민군으로 간다고 설명하고 갔단다.

어머니는 아버지를 잃고 아들까지 뺏기게 됐다고 큰 서러움에 한숨 짓고 있던 터이다.

지금 공습경보가 나서 방공호로 들어가라는 틈을 타서 빠져 도망왔다고 설명을 하고 더 지체할 시간이 못되어 그길로 늘 피난가던 북장대 계곡으로 간다고 인사하고 그길로 북장대 계곡으로가서 그날 밤은 산밑에 옥수수대를 걸어 낫가리를 만든 낫가리에서 밤을 지냈다. 그날 밤은 잠을 이룰 수가 없었다. 혹시 누가 뒤따라 오지나 않나하고, 또 앞날의 길이 걱정이 되어 잠을 이룰 수가 없었다.

때에 야곱이 집을 떠나 루스땅에서 풀밭에 누어 돌로 베개하고 잠자던 모습을 생각했다.

때에 기도가 한가지 더 늘었다.

"하나님! 나로하여금 아버지를 이어 주의 종이 되어 아버지가 남긴 일을 하게하여 주옵소서. 하나님 이 공산당에게 죽지 않게

64

해주시옵소서. 하나님 이 공산당, 하나님이 없다고 하는 공산당
을 위해 싸울 수는 없습니다"
고 기도했다.

　이튿날 아침 어머니는 조반을 싸들고 일찌기 산에 올라 오셨
고 그날로 동쪽 달래강 건너 점촌에 계경언 집사님 집으로 피신
하여 그집 아들 준일 군과 같이 그집 마루 밑에 호를 판곳에 들
어가 숨어 지냈다.
　얼마 후에는 아버지가 목회하던 덕흥교회 뒤에 묘두산이란 깊
은 산이 있어 그리로 옮기기로 했다. 산기슭에 백신욱 집사님댁
이 있는데 그집에다 근거를 두고 그집 아들 성석이와 함께 산에
올라가 숨어 지내기로 했다.

　묘두 산에는 이미 인민군을 피해 입산한 사람들로 20여명이
되었다. 여기에서 UN군이 오기까지 산에서 숨어지냈다.
　그해 10월 중순경 UN군이 정주까지 입성했고, 인민군들은 삼
삼오오 패잔병이 되어 퇴각하고 보안서원들은 어디로 갔는지 치
안은 공백 상태였다.
　산에서 내려온 젊은이들이 그 지역을 지켜 치안대라고 하여
동리를 지키고 있었다.
　몇 날이 못되어 중공군이 개입했다고 하여 인민군은 재 편성하
여 다시 내려온다고 하고 UN군들은 작전상 후퇴를 하게된 때다.

5) 도보천리 길

　우리는 UN군의 작전상 후퇴라는게 무엇인지 몰랐다. UN군
이 후퇴할 때, 병력을 교체한다고만 들었다. 그러나 몇 날이 되

어도 교체병력은 오지 않았다. 얼마동안 치안의 공백상태가 진행됐다. 그런데 길 가에는 북쪽에서 밀려나오는 피난민떼들로 떼를 이루었다.

중공군이 개입되면서 인민군이 재편성해 다시 내려오니 UN군이 있는 청전강 이남까지 가야 산단다.

그렇게 해서 정주를 떠난 것이 11월 28일. 피난민의 떼를 따라 청천강에 왔을 때는 다리는 이미 끊겼고 강을 건널 길이 없었다.

강을 물로 건너야 하는데 물로 건너려면 옅은 열목을 찾아서 건너야 한다고 바다쪽 남쪽으로 한참을 따라내려 왔다.

강물에는 벌써 어름덩이가 둥둥 떠내려왔다. 바닷물의 썰물이 빠지면서 강물이 옅어지기 시작했다. 강물에 얼음이 있으니 옷을 입고 건너야 한단다. 때에 우리식구는 4식구, 누이동생은 지숙이가 12살 밑에 지선이가 8살 (형님네 식구들은 이미 월남해 있었다.)

내가 이불봇다리를 하나 짊어지고 어머니가 이고오던 옷봇다리는 교회 젊은 청년에게 맡기고 물건너가서 만나기로 하였다.

나의 이불 봇다리 위에 막내동생 지선이를 올려 태우고 물에 들어섰다. 깊은 곳은 나의 허리에 찼다. 많은 피난민들이 떼를 이루어 물에 들어서니 추운줄도 몰랐다.

우리가 막 맞은편 언덕 갈밭언덕에 오르게 됐을 때 비행기 4대가 와서 강물에 있는 피난민들에게 폭격을 하며 기총소사를 해댔다.

강 언덕 저편에 아직도 많은 사람들이 떼를 지어 서 있고 강물에 들어선 사람들이 폭탄에 쓰러지고 기총소사에 넘어지는 사람들이 많았다.

우리 식구들은 갈밭언덕에 올랐고 한 대식 돌아오는 사이 시간에 볏 낫가리에 숨어서 의지하며 한 낫가리씩 뛰었다.

뛰면서 외마디 기도가 "하나님 이렇게 죽을 수는 없습니다." 기도했다.

얼마 뒤에 공습하던 비행기들은 사라졌고 자신의 모습들을 보니 꼴이 말이 아니었다.

물에서 올라온 젖은 옷차림에 볏나까리를 끼고 뛰다보니 옷에 검불투성이고 어머니의 왼팔에서는 붉은 피가 흐르고 있었고 신었던 고무신은 언제 어디서 도망갔는지 맨 버선발이었다. 옷보다리를 준 젊은이는 어디로 갔는지 죽었는지 살았는지 알길이 없었다.

그 옷봇다리에 어머니의 손가방이 있고 어머니의 손가방 속에 살림의 용돈도 있고 한데…

우선 젖은 옷을 갈아 입을 옷이 없었다. 단벌 신세가 된 것이다.

그렇게 해서 피난길은 시작됐다. 청천강만 건너면 된다고해서 나선길이 더 가야한단다. 언제까지 가야할지 갈바를 모른채 왔다. 피난민의 물결에 따라서 평양까지 왔다.

12월 1일이었다.

벌써 평양에서도 있는 사람들은 벌써 피난을 떠났다고 한다. UN군의 작전에 평양도 다 내여주고 후퇴를 한단다. 그래서 UN군들이 평양에다 야적해둔 보급품들을 다 불살라 버린다고 사방에서 검은 연기와 붉은 불기둥에 사방에서 기름통 튀는 소리라고해서 "쾅 쾅"하는 소리가 겁을 주게한다.

벌써 대동강 다리는 다 파괴되어 주저앉은 난간을 타고 넘어가야하는데 우리 식구는 8살 짜리가 있어 난간을 탈수가 없었다.

그래서 대동강도 또 물로 건너야 했다. 우리와 같은 사정에 있는 사람들이 많아서 또 바다쪽 남쪽으로 내려가고 내려갔다. 열목을 찾아서 피난민떼가 건너는 열목은 두르섬이 있는 곳이란다. 그렇게해서 대동강을 건넌 날이 12월 5일이였다.

어머니는 먼길을 걸어본적이 없으시다. 벌써 발바닥에 물집이 생기고 발바닥 피부가 벗겨지기 시작하였다. 그래서 걸음을 걷기가 몹시 힘드시다. 발바닥의 피부가 다 벗겨지고 바닥의 속살이 벌거케 드러나니 아침에 일어서서 발을 디딜수가 없으시다. 억지로 가까스로 내디뎌 조금씩 걸어 하루에 20리~30리 길을 걸어서 걸어서…

임진강도 물로 건너야 하는데 다행히 얼음이 얼어서 어름위로 건넜다.

전선은 후퇴하고 후퇴해서 임진강에다 방어선을 치고 있었다.

도보 천리길, 서울에 다은지가 12월 24일 토요일로 기억된다. 서울 영락교회를 찾아가서 한경직 목사님을 찾았다.

정주에서 온 최택규 목사의 가족이라고 소개하니 반갑게 맞아주시면서 멀리 오기에 수고가 많았다고 하시면서 메모지 한장과 봉투에 일금 5만환 뭉치를 넣어 주셨다.

그러면서 서울도 내일 주일 지나고 X-mas만 지나면 모두 다 피난을 떠난단다.

쪽지에 적어준 메모지는 선교사들에게 소개하는 소개 편지였다.

화요일 아침에 영락교회 마당에서 선교사들에 소개되어 선교사들의 자동차로 인천제1교회로 옮기워졌다.

피난 길에서 자동차를 타본 길이 처음이다. 알려진 대로는 선

교사들의 자동차로 서울지방의 교역자들의 가족들을 인천 제1교
회로 소개했다가 거기서 인천항 LST로 앞바다의 화물선에 싣게
된 계획이었다.

인천제1교회에서 몇날을 지내고 인천 앞바다의 미국화물선
NY호 1만2천t급의 큰 배에 많은 피난민들을 싣고 제주에 내린
것이 1월 4일이다. 이때를 일러서 1·4후퇴라고하는 기사다.

제주에는 거의가 교역자들의 가족들이 선교사들의 소개로 미
국화물선으로 소개하여 피난온 무리들이다.

때에 양곡은 나라의 사회부에서 배급해 주었고 옷가지와 담료
들은 구호물자로 배급받아 채웠다. 그리고 선교부에서 교역자들
의 가정마다 식구별로 식대라고해서 반찬값을 보급해 주었다.

6) 잊을수 없는 중공군의 피리소리

우리는 피난민 대열에서도 맨 뒤 꽁무니에 좇아온 셈이다. 그
래서 우리들 뒤에는 바로 중공군이 뒤 따라왔다.

우리가 한촌에 들려 잘 때에 그 집 주인들은 다 피난가고 집을
지키는 노인들만 남아 있곤했다. 그집 방마다 피난민들로 가득
가득 차곤했다.

하루밤은 새벽녘에 동쪽 산봉우리에서 가날픈 피리소리가 들
려왔다. 곧이어 서쪽에 있는 산봉우리에서 또 같은 피리소리가
흘러 내렸다.

새벽 고요한 밤에 처량한 피리 소리를 들을 때 마음이 처량하
고 은근히 두려운 위협을 느끼기도 했다. 그런데 피리소리에 동
네의 개들이 놀래서 한 개가 짖어대기 시작하면 온 동네의 개들
이 다 마주 짖어댄다. 그래서 더 무섭고 두려워진다. 마치 공산
군의 떼가 동네로 엄습해 오는 느낌을 준다. 그러니 잠도 편히

잘수 없고 두려움에 그날의 새벽을 잊지 못한다.

피난 길에서는 들녘에 추수한 볏 낫가리의 벼이삭을 잘라서 훌터다가 빈집의 절구에 찧어서 쌀을내고 밥을 지어 그 집의 김치 항아리에서 고추장 항아리의 고추장으로 반찬을 삼아 그렇게 그날 그날을 먹고내려 왔다.

7) 어머니의 활동

제주의 피난생활을 3년이나 지냈다.

나는 51년 5월에 부산에서 장로회 신학교가 복학을 한다고 해서 부산으로 나와서 예과에 편입학 했다.

어머니와 식구들은 53년도에 부산으로 나와 외삼촌 차광전 대령이 대청동 산 기슭에 마련해준 판자집에 자리잡았다.

1953~55.	부산 평북교회 전도사 시무, 당회장 김용진 목사
1955~61.	서울 갈월동에 평동교회 전도사 시무, 당회장 위두찬 목사. 해방촌 판자집에 정착했다. 선천 군민회
1961~64.	서울 평북교회 전도사 당회장 이석근 목사
1964~69.	서울 상도중앙교회 전도사 시무 당회장 고봉전 목사, 주관준 목사
1969~72.	서울 상도동 성대교회 전도사로 봉사 당회장 장기택 목사
72.	권사로 취임
1976~80.	서울 신림동 제1성도교회 전도사 시무 당회장 황진수 목사
1980. 9. 16	딸 지숙이의 초청으로 미국 이민 자녀들을 돌보

시다

2000. 10. 8 97세로 별세하시어 Cleveland 한인교회에서
    장례식

8) 나의 형제들

2남 2녀의 형제들 가정이 다. 지숙이의 형제 초청으로 미국에
이민 왔다.

동생 지숙이는 연대 간호학과를 졸업하고 세브란스병원 수간
호사로 일하다가 70년도 초에 직업이민 간호원으로 취업하여 형
제들을 초청하였다.

형.   최지영 장로   Philadelphia 지구촌교회에서 장립
                        당회장 김태석 목사
형수.   김혜숙
          최지응 목사
          최영숙 사모
동생   유상현 집사   Akron 한인교회서 Ohio주
          최지숙 권사   Cleveland 한인 중앙교회
                        당회장 김성택 목사
동생   김두만 장로   Youngstown 한인교회
                        당회장 김중언 목사
          최지선 권사   Youngstown 한인교회
                        지금은 NJ. 연합교회.
                        당회장 나구용 목사 시무에 출석하고
                        있음.

제 Ⅲ 장
나의 가정

제Ⅲ장　나의 가정

1. 나의 결혼

나는 1962. 10. 4일에
신부 이영숙 양과
영락교회에서 한경직 목사님의 주례로 결혼하여 슬하에
3남1녀의 4남매 자녀를 두고있다.
이영숙은　부　이홍룡 씨와
　　　　　모　김동순 씨에서
　　　　　　4남1녀의 딸로서
　　　　　　덕성여대 약학과를 졸업한 여자다.

　나는 수유동교회의 담임목사로 시무하고 있을 때 영락교회에서 한경직 목사의 주례로 결혼식을 올리게 된 것에는 특별한 예외이다.

　영락교회에서 한경직 목사님의 주례로 결혼식을 올릴수 있는 경우는 영락교회에 등록된 교우 가정이라야 한단다.

　신부는 영암교회의 교인이었다.

내가 영락교회에서 한경직목사님의 주례로 결혼식을 올릴 수 있었던 것은 아버지의 영향으로 알고 자부심을 갖는다.

1) 성경의 결혼

오늘 세상에는 여러가지 양태의 결혼들이 있는것을 본다. 계약 결혼이나 동성 결혼 같은 것들이다.

성경의 결혼은

하나님이 천지의 만물을 창조하실 때 창조의 질서로 한 남자 아담과 한 여자 하와를 창조하시어 한 남자와 한 여자가 결합하여 둘이 한 몸을 이루게 하는것을 결혼의 질서로 만드셨다.

이 둘이 한 몸 된것을 가정이라하여 가정에 복을 주셨다. 둘이 한 몸을 이루어 생육하고 번성하여 하나님이 지으신 동산의 만물을 주관하며 다스리게 하셨다. (창 2:18~25, 막 10:6~11)

하나님이 창조하실 때 한 남자와 한 여자로 지으셨다고 하신다.

남자와 여자는 각기 다르다.

남자 아담의 성격과 모양이 다르다.

여자 하와의 성격과 모양이 다르다.

서로 다른 둘이 결합하여 한 몸이 되게 하셨다.

남자와 여자에서 누가 옳으냐?

둘이 다 옳다. 하나님이 그렇게 창조하셨기 때문이다. 그러므로 서로 다르다는 것을 이해하고 다른 둘이 합하여 한 몸을 이루어야 한다.

하나님의 작품 중에 세상에 꼭 같은 것은 하나도 없다.

다 각각 다르게 창조하셨다. 그것이 하나님의 지혜다 세상에 인구가 68억이라고 한다. 68억 인구 중에 꼭 같은 사람은 한 사람도 없이 각기 다르게 창조하셨다. 이것이 하나님의 지혜요. 하나님의 권능이다.

사람의 지체도 각각 다르다. 같은 손의 손가락도 각기 다르다. 하나님이 그렇게 다르게 차이 나게 만드셨다. 각 사람의 얼굴이 다르고 성품이 다르고 사람마다 지문이 다르게 지으셨다.

우리는 흔히 이혼의 조건으로 나와 같지 않아서 같이 못 살겠다고 주장하나, 원래 같지않게 하셨다. 각기 다른 사람들이 생활해 온 배경도 같지 않기에 다를 수 밖에 없다.

서로 다른 것을 이해하고 서로 조화하며 화합하여 한몸을 이루어야 한다.

이것이 하나님이 묶어주신 가정의 질서다.

세상에 계약결혼이니 동성결혼이니 하나, 성경적 결혼은 아니다. 대개 계약결혼의 경우 한쪽에 많은 재산이 있을 때에 재혼하는 경우에 한쪽에 갖고 있는 재산에 대하여 관여하지 않는것을 조건으로 할때 계약서를 쓰게된다.

그러나 성경의 부부의 결합은 쌍방이 하나가 되어야 하고 서로의 주머니도 하나가 되어야 할 것을 전제로 한다.

비록 관리상 구좌를 따로 할 수 있다고해도 상대방이 모르게 비밀구좌를 가질 수는 없다. 모든 것이 다 하나가 되어야 한 몸이 되는 것이다.

양가의 부모 경외도 차등없이 하나같이 대해야 한다. 이같이 함이 한 몸되는 원리가 된다.

미국의 케네디 대통령의 부인이던 재클린 여사가 케네디 대통령이 죽은 후에 그리스의 선박 왕으로 알려진 오나시스와 재혼할 때에 계약서를 썼다고 알려져 계약결혼이란 말이 있다.

재클린이 오나시스에게 거액의 돈을 요구하여 돈으로 흥정하여 결혼한 이야기다.

또 자동차회사의 크라이슬러회장인 아이아코가 재혼할 때에 상대인 여비서 페기 존슨이라는 24년 연하의 여자에게 결혼 후에 아이를 낳치 않기로 조건을 세우고 결혼했다고 전한다.

요즈음 물의를 일으키는 동성간의 결혼도 성경적인 결혼관은 아니다.

하나님께서 우주의 만물을 지으실 때 사람을 하나님의 형상을 따라서 한 남자와 한 여자로 지으시어 둘이 합하여 한 몸이 되게 하는 가정의 질서를 세워주신 것이 성경의 결혼의 원리이다. (창1:24-, 26~28)

구약의 소돔과 고모라성의 심판이 바로 동성애에 대한 죄악임을 본다. (창19:4~8, 24~25)

동성애의 문제는 오늘의 문제가 아니라 벌써 오래 전의 일로 성경이 금해오는 일이다.

레20:13에 "누구든지 여인과 교합하듯 남자와 교합하면 둘다 가증한 일을 행함인즉 반듯이 죽일지니 그 피가 자기에게로 돌아가리라"고 했다.

신약에서는

롬1:27에 "이 같이 남자들은 순리대로 여인 쓰기를 버리고 서로 향하여 음욕이 불일듯하여 남자가 남자로 더불어 부끄러운 일을 행하여 저희의 그릇됨에 상당한 보응을 그 자신에게 받았느니라”고 했다.

유1:7- “소돔과 고모라와 그 이웃 도시들도 저희와 같은 모양
으로 간음하여 다른 색을 따라 가다가 영원한 불의 형벌을 받음
으로 거울이 되었느니라”고 했다.

성경은 이런 남색을 금하고 있다. (딤전1:10-)

2) 부모를 떠나서

부모를 떠나라는 뜻은 부모를 버리라는 뜻이 아니다. 남·녀
가 지금까지 자랄 때 부모의 슬하에서 먹고 마시고 의지하고 기
대고 자라 왔는데 결혼의 때가되면 이제는 부모에게 의지하고
기대고 살던데서 자신이 독립적으로 자립을 하여 경제적으로도
자신이 독립으로 살림을 책임지고 남자는 여자를 부양할 책임을
지고 정신적으로도 의존하지 말라는 뜻이다.

창24장에서 리브가가 부모를 떠나서 멀리 이삭에게로 시집간
다. 부모의 보금자리를 떠난다는 것이 쉽지 않다. 부모의 품은
지금까지의 보금자리요 의존하고 기대고 도움을 받던 품이다.

이제부터는 내가 내 일을 책임지고 감당하는 책임있는 삶을
각기 분담하여 책임을 다하라는 뜻이다.

결혼의 삶은 이제 내가 해야할 삶을 내가 책임지고 살아야 함
을 뜻하는 것이다.

결혼을 하고서도 경제적으로 정신적으로 부모에게 의지하거
나 형제에게 기대지 말라는 뜻이다.

3) 돕는 배필

하나님이 사람을 지으실 때 남자 아담 하나를 지으시고 홀로
독처하는 것을 못마땅하게 여기시고 보시기에 좋지 않으셨다고

했다. (창 2:19-)

그래서 아담을 위하여 돕는 배필을 지으신 것이 하와다.

아담이 혼자 사역할 때 하와가 돕는 배필로 협력했다. 혼자서 할 수 없는 일을 둘이서 협력하여 이루게 하시는 일이 돕는 배필의 일이다.

아담이 만물의 이름을 지을 때 하와가 도왔다. 돕는 배필로 짝을 이루어 주셨다. (막10:9-)

하나님이 가정을 이루시고 생육하고 번성하라고 하신다. 남자가 제 아무리 똑똑하고 재능이 날고 뛴다해도 돕는 배필이 없이는 생산할 수 없다.

여자가 제 아무리 미모가 있고, 건강미가 있다해도 자기 혼자서는 생산할 수가 없다.

여기에 돕는 배필의 절대 필요를 느끼게 한다.

남자의 욕구 충족은 여자로 채우게 하셨고 여자의 욕구 충족은 남자로 채우게 되어있다. (고전7:1~2)

그래서 남녀가 부부일신이요. 벌거벗었으나 부끄러움이 없다. (창 2:25-)

서로가 다르고 서로가 미흡하고 서로가 약한 것을 합하여 조화를 이루어 생육하고 번성하게 하시는 하나님의 뜻을 이루어 나간다.

서로의 다르고 미흡한 것을 공격의 대상이나 시비의 대상으로 삼으면 잘못 된다.

부부일신은 언제나 분방할 수 없다.

기도하기 위하여 합의상 잠깐 분방할 수 있어도 기도 후에는 반듯이 다시 합해야 한다고 했다. (고전7:5-)

창조시에 여자는 남자에서 낳지만 세상의 모든 남자는 여자에게서 태어났다.

이것이 하나님의 창조의 질서다. 남자 없이 여자만, 여자 없이 남자만 있을 수 없다 (고전 11:11~12)

세상 역사는 남자가 움직이나, 그 남자를 움직이는 것은 여자다 라고 했다.

그러므로 서로가 서로를 위하여 돕는 배필의 역할을 최선을 다해야 한다.

피차 복종하기를 그리스도에게 하듯 경외함으로 피차 복종하라고했고 (엡 5:21-)

아내는 남편에게 복종하고 남편은 아내를 사랑하여 그리스도께서 교회를 사랑한 것 같이 하라고 했다. (엡 5:22-) 서로를 위로하고 이해하고 돕는 배필의 역할로 도우라고 했다. (롬 12:15-)

이삭의 아내 리브가가 멀리 시집와서 이삭의 슬픔을 위로하여 돕는 배필의 역할을 다할 때 서로가 사랑하게 되었다고 기록한다. (창 24:67-)

돕는 배필의 역할은 내가 먼저 희생하여 위로하고 사랑할 때 먼저 희생하고 양보할 때 이루어진다. (고전 13:1~7)

2. 시집살이

여자가 시집가서 살림을 맡아하는 삶을 시집살이라고 한다. 시집 살림이 어렵고 힘들고 수고롭기에 세상사의 어려운 일 힘 이드는 일 수고로운 일들을 표현하여 시집살이라고도 한다.

시집살이란 어려운 삶이다. 그래서 매운 고추보다 더 매운것이 시집살이라고 표현한다.

여자가 제 집에서 자랄 때에는 부모의 슬하에서 마음껏 사랑을 받고 헤아림을 받고 형제들의 우애를 받고 모든 일에 너그러운 이해와 용납과 존귀한 높임을 받는 공주의 신세에서 지내게 된다.

학교 생활을 하거나 설혹 직장 생활을 한다해도 부모를 기대고 의지하고 가정의 보금자리에서 어머니가 지어 바치는 밥상에 공주로 받들고 형제들의 뒷바라지도 받으면서 높임받는 신세이다.

그러다가 시집가는 날에 여러가지가 돌변한다. 우선 신분이 바뀐다. 호적상의 소속이 달라진다. 지금까지는 이씨 집안의 소속이었는데 시집가는 날 최씨 집안의 식구가 되여진다. 이씨네 집의 호적에서는 파내어 없어진다. 남편의 호적에 이적이 된다.

미국의 경우는 자기의 성씨까지도 없어지고 남편의 성씨를 따라 최씨가 된다.

이제부터는 남편의 가족들과 친족들과 인간관계로 새로 시작해야 된다. 이 새로운 인간관계가 그리 쉽지 않다. 이것이 시집살이의 시작이다.

살림의 환경이 바뀐다. 내가 자라난 가정의 환경과 시집의 생활환경이 판이하게 다르다.

각 가정마다 생활환경이 각이하게 다르기 때문이다. 내가 자라면서 20~30년에 굳어진 생활 환경이 새로 시집간 시집의 환경에 적응하기란 쉬운 일이 아니다.

우리 집의 생활 환경과 그 집의 생활 환경이 여러가지가 다르다. 우리집에서는 밥을 된밥을 좋아했으나, 시집식구들은 죽밥을

더 좋아 한다든지. 우리 집에서는 양념은 맵게해서 먹는데 시집
에서는 양념을 맵지않게 쓴다든지 우리 집의 간맛은 짜게 먹는데
비해 시집에서는 싱겁게 먹는다든지가 다 다르기 때문이다.

　그래서 밥을 짓는 것이나 반찬을 만드는데, 식구들의 입맛에
맞는지가 부담이 되고 내가 하고 있는 일이 제대로 되고 있는지
를 신경을 써야하고 관심을 기우려야 하기에 시집살이는 힘들고
어려운 삶이다.

　시집살이에는 나의 역할이 달라진다.
　내집에서 지낼 때는 내가 공주의 역할에서 대우받고 대접받고
존경받고 지냈는데, 시집가는 날로 나의 역할이 팔려간 노예의
종의 역할로 바뀌었다.
　시집살이의 모든 일거리는 내가 다 해야한다. 밥을 짓고 반찬
을 만들고, 설거지를 하고 빨래하고 청소하는 일까지 모두 내 몫
이다.
　게다가 시집의 모든 식구들은 어른으로 깍듯이 모셔야 한다.
시부모님은 물론이고 시집의 어린 동생들까지도 어른대우를 해
서 모셔야 하기 때문이다.
　집에서는 내가 주인이요. 공주이었으나 시집에서는 내가 종이
요 노예가 된 것이다.
　일을 하는 육체적인 노동도 힘든 일이지만, 정신적으로 긴장
하고 신경써야하는, 정신을 차려야 하는, 정신적인 부담이 더 무
겁다. 죽을 혼신을 다 하고도 인정받기가 어렵기 때문이다. 여기
에서 스트레스가 온다.
　시댁의 모든 식구들이 새댁이 제대로 하나! 하고 지켜보고 노
려보고 시험관처럼 관찰하고 있다고 느껴지기에 여기에 스트레

스가 온다.

비록 사랑하는 신랑도 시댁식구들의 대변자이지 나를 감싸주거나 이해하는 대변자가 못된다.

그래서 옛날의 여인들은 힘들다고 말 한마디 못하고 힘들다는 내색을 못내고 달밤에 밖에 나가 중천에 떠오르는 달에게다 하소연하며 하염없이 흐르는 눈물을 삼켰다고 한다.

요즈음 같으면 Cellphon으로 집의 엄마에게 전화를 걸어서 엄마의 자애로운 음성이라도 들으면서 위로를 받을텐데 그렇다고 썩어져가는 속내를 나타낼 수는 없다.

엄마가 시집보내면서 시집가서 시집과 화목하며 잘 살으라고 보냈기 때문이다.

이것이 어려운 시집살이다.

그래서 옛날 여인들은 가슴에 썩는일이 있어도 말못하는 벙어리로 3년을, 꼴불견스런 일을 보고서도 못본체 장님으로 3년을, 앞뒤에서 잘 잘못에 대한 시비를 해도 못들은 체하여 귀머거리 3년을 지내노라면, 아기가 생기고 새 아기에게 모두의 관심들이 집중될 때에 시집살이의 한이 풀린다고 했다.

이런 시집살이는 예나 오늘이나 격어야 할 어려움이다.

요즈음 어떤 가정에서는 시어머니가 며느리에게 시집살이를 하는 시대가 되었다고들 한다. 만일 이런 가정이 있다면 이런 가정에는 무엇인가 가정의 질서가 잘못되었다고 본다.

고부간의 갈등이나 시집살이의 갈등은 돕는 배필의 원리에서 풀어야 할 과제다.

돕는 배필의 역할은 사랑으로 희생하고 사랑으로 봉사할 때 사랑으로 섬기는데서 이루어 지는 것이라면 갈등은 해소될 수 있다고 본다.

사랑에는 자신의 유익을 구하지 아니하고 사랑에는 자기 희생이 앞서야 하기 때문이다. 아무리 몸을 내어주어 불사룬다 해도 또 내게 있는 것 모두를 준다해도 사랑이 없으면 아무것도 아니라고 했다. (고전13:1~7)

사랑으로 하는 보필만이 모든 갈등과 한을 해소할 수 있다고 본다.

3. 불신 결혼은 금한다

성경에서는 불신자와의 결혼은 금하고 있다.

하나님께서 모세에게 명하시기를 (신7:3~) 너희가 가나안땅에 들어가서 가나안 족속과는 상혼하지 말라고 명하신다.

가나안족속은 하나님 앞에 범죄로 멸망할 족속이기에 상혼하지 말며 불쌍히 여기지도 말라고 하신다.

여호수아는 수23:12~13, 출34:16에서 이스라엘 백성들에게 가나안 족속들과 상혼하여 유혹을 받아 하나님을 떠나면 아름다운 땅에서 너희를 진멸하리라고 경고한다.

그들의 유혹으로 하나님을 배반할 것을 염려하신다.

아브라함이 아들 이삭을 위하여 규수감을 찾게 할 때 종 엘리에셀에게 명하기를 가나안 사람으로 말고 고향 땅 하란으로가서 규수감을 찾아오라고 명하신다.

아들 이삭을 데리고 가지 못하게 만류한다. 왜냐하면 이 땅 가

나안 땅이 하나님의 약속의 땅으로 기업으로 받은 땅이기에 떠나지 못하게 하신다. (창24:3-)

느헤미아선지자는 불신자와의 결혼은 악행이라고 경고한다. (느13:23-)

이방인과 결혼하여 그들의 유혹을 받아 하나님을 떠나 배반한 사람이 바로 솔로몬 왕이었다.

솔로몬 왕은 명문 높은 지혜의 왕으로 소문난 왕이였다. 스바 여왕이 방문하여 내가 소문에 듣던것은 와서 보니 사실에 절반도 못된다고 극찬한 왕이였다. (왕상10:1~7)

그러나 솔로몬이 이방 연인들과 결혼하여 그들의 유혹을 받아 하나님께 범죄하고 하나님을 떠나 버림받은 죄인으로 하나님의 진노함을 받아 버림받는다. (왕상11:1~6, 11:9-, 11:25, 13:26)

그러므로 이방인과의 결혼, 불신자와의 결혼은 극구 막아야 함을 강조한다.

고후6:14에서 너희는 믿지 않는자와 멍에를 같이 하지 말라고 했고 어찌 의와 불법이 빛과 어둠이 상관하겠냐고 했다.

그러나 고전7:13~17에서는 믿지 않는 남편이나 아내와 같이 살면 버리지 말라고 하여 혹시 구원얻게 될런지 알겠느냐고 했다.

4. 이혼은 금한다

성경의 결혼은 한 남자와 한 여자가 하나님이 짝 지어주신 짝으로 알고 (막10:9-)

하나님 앞에서와 부모와 증거하는 증인들 앞에서 서약을 하고

선포한 결혼이기에 사람이 나눌 수 없다고 했다. (막10:9-)

아브라함의 아들 이삭의 결혼에서 보면 창24:1~67에서 아브라함의 종 엘리에셀이 주인의 위탁을 받고 고향 땅 하란에 가서 하나님께 기도하기를, 우물에서 나에게 물을 주는 이라면, 그리고 나귀에게도 물을 주는 자이면, 하나님이 짝지어 주시는 자로 여기겠습니다고 기도 했는데 리브가가 우물에 물을 길러 나와서 엘리에셀에게 마실 물을 주었고 나귀들에게도 물을 주어 하나님이 허락하시는 규수로 생각했다. (창24:44~51)

그리고 리브가의 부모 라반과 부두엘에게 청하니 리브가가 그대에게 있으니 하나님의 명대로 그대의 주인의 아들의 아내가 되게 하라고 허락을 했다.

여기에서 하나님이 허락하시는 짝, 하나님의 명대로 되는 짝이라고 표현한다. 나의 배필은 하나님이 짝을 묶어주신 배필이다. 그러므로 하나님이 짝지어 주신 배필을 사람이 나눌 수가 없고 또 하나님 앞에서 둘이 한 몸을 이룬다고 서약한 서약은 파기할 수가 없다. (레27:1~7, 14:25)

그래서 함부로 서원하지 말라고 하신다. (마5:34-)

네가 하나님에게 서원하였거든 갚기를 더디게 말라.(전5:4-)

네 입에서 낸 것은 그대로 실행하기로 유의하고 네가 서원하여 입으로 언약한대로 행할지니라. (신23:23-)

그런데 우리는 하나님 앞에 무수한 서약의 언약을 맺고서도 쉬 망각하고 그 약속의 서약을 파기하는데 우리의 신앙의 맹점이 있다.

우리는 장로 권사 집사의 직분을 받으면서 직분에 충성을 다할 것을 서약하고 맹세하지만 그리고는 서원의 약속대로 살지를 못한다.

우리가 하나님 앞과 부모님들을 모시고 한 서약의 약속에 책임을 져야한다.

결혼 생활이 아무리 어려워도 백년해로의 덕담으로 검은 머리가 파뿌리 되도록 믿음으로 이기며 살아야 하지 이혼은 쉽게 할 수 없다.

말2:16. 여호와가 이르노니 나는 이혼하는 것과 학대로 옷을 가리우는 자를 미워하느니라

눅16:18. 무릇 아내를 버리고 다른데 장가드는 자도 간음함이니라 무릇 버리운 자에게 장가드는 자도 간음함이니라

고전7:10~12. 혼인자들에게 내가 명하노니 여자는 남편에게서 갈리지 말며 갈릴지라도 그냥 지내든지 다시 그 남자와 화합하든지 하라

남편도 아내를 버리지 말라고 했다.

마5:32. 모세의 법에 간음한 연고가 있으면 이혼을 허락한다고 했으나 원칙에서는 이혼을 금하고 있다.

나는 얼마 전 알고 있는 후배 목사로부터 전화를 받았다.

내용인즉 "이혼을 당했다"는 내용이다.

California의 법에 의하면 남·녀가 6개월 이상 분방한 증거가 되면 일방적으로 이혼의 조건이 된단다.

사연인즉, 사모님이 추운 이리노이주에 살수 없어 날씨 온화한 LA에 와서 지낸 것이 6개월이 지났다는 이유로 사모님 편에서 일방적으로 이혼을 청해 이혼이 이루어졌다고 하는 이야기다.

이들의 결혼이야기는 여자가 독일에 유학하면서 습기찬 지하

실에 살면서 기관지에 병이나고 기침을 몹시하여 호흡에 곤란을 격어 왔다고 한다. 후에 LA에 와서 지낼 때 몸이 몹시 불편할 때, 총각 전도사가 여자를 업고 병원에 데리고 다니며 치료에 도움을 준 것이 인연이되어 서로가 결혼하게 되었다고 한다. 사이에 아들도 하나 있다.

바로 이 사모님이 친구 J목사의 딸로, 알고 지냈기에 전화로 권면을 했으나 완강하게 항거하여 설득하지 못했다.

믿는 사람들은 어떤 이유에서도 이혼해서 않된다. 하나님이 미워하시는 일이기 때문이다.

5. 결혼의 목적은 행복이 아닌 거룩이다

많은 사람들이 결혼하는 것은 행복하기 위함이라고 한다. 성경의 목적은 가정의 거룩에 있다고 한다.

이런 목적하는 목표가 잘못되면 결과가 잘못된다. 그러므로 목적을 바로잡고 제대로 해야된다.

행복이란 개념은 언제나 내가 주가 되고 내가 남보다 더 쾌락을 누리고 더 즐길 수 있는것을 추구한다.

그래서 내가 남보다 더 많이 소유해야 하고 내가 남의 것보다 더 좋은 것들로 만족을 삼고 내가 사랑 받고 내가 대접 받고 내가 높아지고 내가 누구보다 더 큰 자가 되어야 나의 욕구와 욕망을 충족시켜 주어야 행복하게 된다고 생각한다.

그러나 이러한 욕구 충족에는 한이 없다.

욕심은 땅보다 더 깊다고하여 그 욕구를 충족케할 사람은 세상에 아무도 없다.

그러므로, 세상에 행복하다고 느끼는 사람은 한 사람도 없다.

세상에서 부귀와 영화를 다 누리고 자기가 욕망대로 다 해본 사람은 솔로몬 왕 이상으로 더 없다. 자기가 하고 싶은대로 다 해봤다.

집도짓고 포도원도 심고 못을 파고 공중루각도 짓고 후궁은 천명이나 두고 비빈을 300명이나 두고 날마다 먹고 마시고 모자랄 것이 부족할 것이 없이 살았으나 그가 후에 표현하기를 헛되고 헛되어 마치 바람을 잡으려는 것과 같다고 묘사한다. (전2:1~11)

마치 비누 물방울과 같이 찬란해 보이나 꺼지고 나면 아무것도 남는 것이 없다.

최진실씨가 왜? 자살을 했을가?

그에게 아름다운 미모에, 많은 거액의 재산에, 명예 높은 인기에, 생각해 보면 부러울 것이 없는 삶인데, 무엇 때문에? 이혼한 남편 때문에? 세상에서 행복에는 만족이 없기 때문에서 온다.

쾌락의 자극은 더욱 커져야 하나, 한계가 있다. 행복을 추구하는데는 한계에 다다르면 터지게 되고 터지면 슬픔 밖에 남는 것이 없는 것이 세상이다.

그래서 성경은 가정의 목표는 행복이 아니라 거룩에 있다고 보이신다. 이것을 바로 알아야 한다. 하나님이 가정을 세우실 때 (엡5:22~33)에서 깨끗하게 하사 거룩하게 하시고 거룩하고 흠 이없게 하시려고 가정을 세우셨다고 했다.

그리스도인의 가정의 목표는 결코 행복이 아니라 거룩에 있다. 거룩이란 하나님의 뜻을 이루는 것이 거룩이다.

하나님이 우리에게 요구하심은 거룩하기를 원하신다.
(레 11:44~45)
내가 거룩하니 너희도 거룩하라 하셨고 (롬 6:19, 22)
이제는 너희 지체를 의의 종으로 드려 거룩함에 이르라고 했고
이제는 너희가 죄에서 해방되어, 하나님께 종이되어, 거룩함에 이르는 열매를 얻었으니… 마지막은 영생이니라.
벧전 1:2~ 하나님의 사랑의 미리아심을 따라 성령의 거룩하게 하심으로 피뿌림을 받기위하여 택하심을 입은자들이라고 했고
히 12:14~ 모든 사람으로 화평하라. 거룩함을 좇으라
이것이 없이는 아무도 주를 보지 못하리라고 했다.
고전 6:19~20, 너희는 하나님의 성전인 것과 너의 안에 성령이 계신 전인줄을 알지 못하느냐 하나님의 성전은 거룩하니 너희도 그러하다고 했다. (고전 3:16-19)
하나님은 우리로 거룩하게 살기를 원하신다. (히 3:1~ , 롬 6:10~22~ , 고전 1:30~ , 요일 3:1~3)

하나님의 말씀에 생육하고 번성하라
모든 만물을 다스리고 관리하라고 하신 말씀을 이루는것이 거룩한 삶이다.
나 혼자 잘 먹고, 잘 살고, 즐거움을 누리는 것이 아니라. 맡은 청지기가 되어, 예수님의 삶을 본받아 목숨까지 나누어 주는 희생의 삶이 곧 거룩한 삶이다.

6. 자녀와의 관계

1) 아버지는 하나님의 선물

아버지가 되는 길은 남자가 나이든다고해서 되는 것도 아니고 늙었다고해서 아버지라고 부르게 되는 것은 결코 아니다.

여자가 엄마가 되는 길도 꼭 마찬가지다 여자가 나이들었다고 엄마라고 부르지도 않고 여자가 늙었다고해서 엄마라고 불러지게되는 것은 결코 아니다.

아버지가 되고 엄마가 되는 것은 생육하여 자녀를 낳아서 키우게 될 때에 비로서 엄마, 아버지가 된다.

이 관계는 혈연관계로 되어지는 것, 핏줄을 타고 태어나는 자녀를 낳아야 아버지가 되고 엄마가 된다.

이 혈연관계는 한번 맺어지면 세상에서 무엇으로도 관계가 끊어지지 않는다.

설혹 아버지가 잘못하여 자식을 버리고 가출했다손 치드라도 아버지와 자식의 관계가 끊어지는 것은 결코 아니다.

설혹 자식이 잘못하여 집을 뛰쳐나가서 아버지의 품을 떠났다고해서 부자의 관계가 없어지는 것도 아니다.

서로 말로 너는 내자식이 아니라고 부인한다해도 관계가 끊어지는 것은 아니다. 호적에 한번 입적이 된 아들은 언제까지나 부자관계가 계속된다.

한 번 태어난 자식은 영구토록 관계가 유지된다. 변경할 수 없는 부자관계이다.

성경은 태어나는 자식을 하나님이 주신 선물이라고 한다.

시 128:3~4. 자식은 하나님이 주신 기업이요 태의 열매는 그의 상급이로다 선물이라고 했다.

자식은 하나님이 부모라고 하는 청지기에게 위탁한 선물이라는 말씀이다. 이 자식들이 하나님의 선물이라면 그 아버지 어머니가 되는것도 선물이다. 그러므로 부모 자녀와의 관계는 하나님이 만들어 주시는 선물이다.

내 몸에서 태어났다고해서 내 것이 아니다. 하나님이 맡기신 선물임을 알고 하나님의 뜻대로 교육하고 양육해야 한다.

그래서 성경은 주의 교훈과 훈계로 양육하라고 했다. (엡6:1~4)

＊참고로
"아버지들이여! 여러분의 자녀를 노엽게 하지말고 주님이 주시는 훈련과 훈계로써 그들을 양육하시오"(엡6:4-)

내 교육과 내 훈계가 아닌 주의 교훈으로
삼손을 선물로 받은 마누아가 이 아이를 어떻게 기르오릿가 하고 묻는다. (삿13:8-, 12-)

자식은 하나님편에서 주시어야 받는다.

내가 갖고 싶다고 해서 얻는 것이 아니고 하나님이 주셔야 받고, 하나님이 주시지 않으면 아무리 원해도 받을 길이 없는 하나님의 선물이요. 하나님 아버지의 뜻대로 양육하여야 한다.

내 계획대로 내가 못이룬 내 욕망을 자녀를 통하여 이루려는 욕구충족으로 성취하지 말고 하나님 뜻을 따라 하나님을 잘 섬기고 이웃들을 사랑하고 부모를 경외할 줄 아는 하나님의 사람으로 양육하라는 분부이시다. (신6:4~9, 엡6:1~4, 마22:34~40, 딤후3:15~7)

부자관계가 곧 우리 하나님과 나와의 관계다. 예수그리스도의 보혈로 하나님과의 자녀관계가 된 우리는 세상의 무엇으로도 끊을 수가 없다. (벧전1:18~19, 롬8:35~39)

2) 아버지의 영 · 욕

나는 아버지의 영예의 그림자 밑에서 성장했다. 아버지의 영예가 곧 자녀의 영예요 자녀들의 영예가 곧 부모의 영예다.

아버지의 영광은 자녀들이 세상에서 출세하고 성공할 때 그 아버지의 영광이 되고

아버지의 욕은 자녀들이 세상에서 욕을 당하면 그 아버지가 욕되게 된다.

지난 2월에 VanCuVa(카나다)에서 동계 Olympic이 열려 한국선수 김연아가 휘겨스케팅 부문에서 금매달을 땄다. 선수 본인의 영예는 말할 것도 없거니와 딸의 영예로 그의 아버지가 TV의 기자와 면담에서 소개되어 세계의 영예를 한 몸에 받는 모습을 볼 때 자랑스러웠다.

다윗의 경우, 불레셋의 골리앗 장군을 멸하고 돌아올 때 사울 왕이 그가 뉘집 아들이냐고 물었다 (삼상17:55-58).

모세가 하나님 앞에 쓰임받게 될 때에 그의 아버지가 이름이 아므람이요. 그의 어머니 이름이 요게벳이라고 소개된다. (출6:20~)

삼상2:34~ 엘리 제사장의 아들 홉니와 비느하스 때문에 엘리제사장이 욕을 당하게 된다.

야곱의 경우 죽은 줄로만 알았던 아들 요셉이 애굽의 총리가 되어, 요셉이 보내준 황금마차에 아버지의 가족을 거느리고 부

엘세바에서 애굽으로가서 애굽의 바로 왕을 만나서 바로왕의 궁궐에서 바로 왕의 머리에 손을 얹고 축복을 하게된다.

당시 애굽사람들은 인종차별로 히브리 사람들과 자리를 같이 하지 않는다고 했다 (창 43:32~)

그런데, 가나안 땅의 한 농부가 한 목자가 당시의 애굽의 왕 바로에게 손을얹고 안수를 한 영예는 대단한 영예였다. (창 45: 9~13)

아들이 애굽의 총리가 아니었더면 이런 영예는 있을 수가 없었다.

다윗의 경우 삼하 13: ~ 24: 에서

셋째 아들 압살롬 때문에 치욕적인 사건에 시달린다. 형제간의 다툼으로 살인사건이 일어난 것도 치욕이고, 압살롬이 아버지의 왕권을 빼앗겠다고 칼을 빼들고 궁궐을 습격하니, 아버지 다윗이 목숨을 구하기 위하여, 버선발로 신도 못신고 다급히 궁궐을 빠져나와 도망을 가는 신세가 되었다.

압살롬이 궁궐에 남겨둔 후궁들을 백주에 옥상에서 백성들의 목전에서 욕보이는 일도 감행하였다.

그후, 다윗의 정벌군에게 쫓기다가 압살롬의 머리체가 상수리 나무가지에 걸리어, 나무에 달린 압살롬을 정벌군이 사살해 죽게된 때에 정벌군의 승리한 승전가도 못 부르고 다윗 왕은 반역을 하다 먼저 죽은 압살롬의 이름을 부르며, 목을 놓아 슬프게 통곡하는 아픔을 들어낸다. 아들로 인한 아버지의 치욕이다.

다윗이 사울 왕에게 쫓기어 어려움을 당할 때도 이렇게 울어본 기록이 없다.

사무엘의 경우 삼상3:9에서

사무엘은 온 이스라엘에서 존경받는 선지자였다. 북 단에서부터 남 부엘세바까지 그의 말씀이 한 마디도 땅에 떨어짐이 없었다고 존경받는다.

그러나 그의 아들들이 뇌물을 받는 치욕 때문에 사무엘도 버림받고 왕을 요구하게 된다. (살상5:1~2)

성경에서 효의 도를 명시한다.

잠23:24~25에서 의인의 아버지는 크게 즐거울 것이요. 지혜로운 자식을 낳은자는 그를 인하여 즐거울 것임이니라.

네 부모를 즐겁게하며 너 낳은 어미를 기쁘게 하라.

성경의 효는 동양의 공자의 교훈보다 500년 앞의 기록이요. 모세의 기록은 1000년 앞선 기록이다.

한국의 농군학교 교장 김용기 장로는

「효자는 결코 망하지 않는다」는 책을 썼고

요일서의 교훈으로는, 보이는 부모에게 효행하지 못하는 자가 보이지 않는 하나님을 경외한다는 것은 거짓말이라고 했다. (요일4:20-)

자녀들이 세상적으로 사회적으로 명예로운 영예를 누리고 성공하는 일도 만족스러운 일이지만, 신앙의 계대를 이어서 성직을 이어 받는것도 또한 가문의 영예로운 일로 생각한다.

이 자식이 아버지의 뒤를 이어, 하나님의 종이 되어 대과 없이 목회하여 은퇴하게 된것은 하나님이 허락하신 크신 은혜로 생각한다.

나의 집 막내 놈 원덕이가 스스로 대학에서 심리학을 공부하

고 S.F.신학교를 공부하여 목사의 길을 준비하고 있는것이 가문
의 영예로 생각한다.

　비록 세상적인 물질의 여유는 누리지 못할 것이나 형제들의
도움으로 삶의 궁핍은 면하였으면 하는 바람이다.

7. 나의 자녀들

장남　최원성　　Seattle, WA에서 Ice Crem 가게 경영
자부　최숙이　　　　〃
손자　최은서　　제10학년

사위　김상범　　L.A.에서 운수사업
장녀　최원신　　California State University, Long Beach
　　　　　　　　사무직

차남　최원진　　Silicon Velly, Cumputer 회사직
자부　최선주　　국민학교 교사
손녀　최은지　　국민학교 4학년

삼남　최원덕　　Contracosta 한인교회 교육전도사
자부　최은혜　　　　〃
손녀　최은희

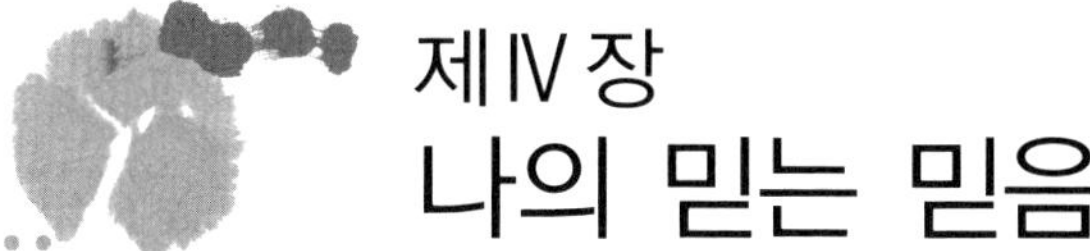

제 IV 장
나의 믿는 믿음

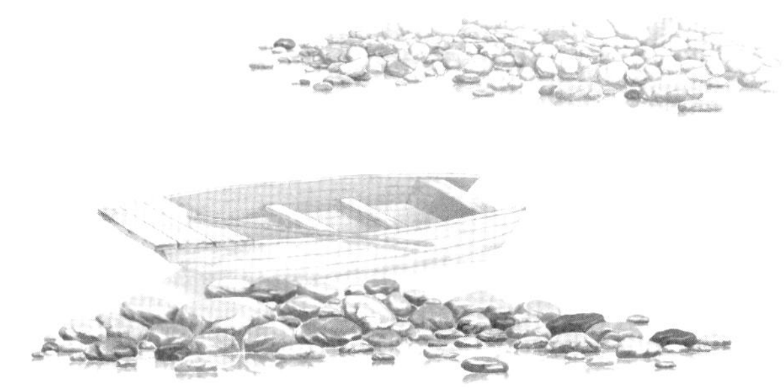

제Ⅳ장 나의 믿는 믿음

1. 믿음의 용어

성경에서는 믿음이란 용어가 많이 쓰인다.

믿음이 있다, 믿음이 없다, 믿음이 크다, 믿음이 작다는 등, 믿음에 대하여 여러가지 표현이 있는것을 보게된다.

요20:27. 예수님께서 부활하신 후에 도마에게 나타나시어 믿음 없는 자가 되지 말고 믿는 자가 되라고 하셨다.

마17:17~ 예수님이 변화 산에서 산 아래로 내려오시니 한 귀신들린자로 인하여 변론할 때 믿음이 없고 패역한 세대라고 표현하였다.

같은 배경의 막9:7~24에서

귀신을 쫓아내지 못한 제자들에게 너희 믿음이 적은 연고라고 하셨다.

그때 귀신들린 자의 아버지가 주님에게 하실 수 있거든 내 아들을 고쳐주세요라고 할 때 할 수 있거든이 무슨말이냐 믿는자에게는 능치못함이 없느니라고 하니 내가 믿나이다고 고백하자 그 아들을 고쳐주신다.

예수님의 제자들이 막4:40, 마8:23~ 에서

갈릴리 바다에서 배타고 건너 편으로 가다가 큰 풍랑을 맞났을때 예수님은 배 밑에서 주무셨다고 한다. 제자들이 급히 주무시는 주님을 깨우며 도와주실 것을 청하실 때

"왜 두려워 하느냐 믿음이 적은 자들아"고 하셨다.

같은배경에서

눅8:24~ "너희 믿음이 어디 있느냐"고 하셨다.

막5:34, 예수님에게 나아온 38년 된 혈류증 여인이 예수님의 옷가에라도 만지면 병이 나을줄로 믿고 옷을 만진 여인에게 돌아보시면서,

"딸아 네 믿음이 너를 구원하였으니 평안히 가라"고 하셨다.

마8:8~ 예수님에게 찾아 나아온 가버나움의 백부장에게 믿음이 크다고 칭찬하였다.

백부장이 내 하인이 집에서 병들어 죽게 되었는데, 여기서 말씀만 하시면 내 하인이 낳겠습니다 하니 예수님께서 내가 이스라엘 어디에서도 이만한 믿음을 만나보지 못했다고 칭창하시면서, 가라 네 믿음대로 되리라 하시니 그 시로 낳았다고 했다.

막7:24~30. 예수님에게 찾아 나이온 수로보니게 여인에게 칭찬하여 네 믿음이 크다고 하시였다.

여인이 딸이 귀신들렸는데 고쳐주시기를 간청할 때 예수님은 나는 이스라엘의 자녀를 위하여 왔는데, 수로보니게 가나안 이방 사람에게는 상관이 없다고 하시자, 개로 여기는 여인이, 개도 주인의 상에서 떨어지는 부스러기를 먹습니다 할때, 그 믿음이 크다고 칭찬하셨다.

눅17:19. 예수님에게 찾아나아온 감사하는 문둥병자에게 가
라 네 믿음이 너를 구원하였다고 했다.

2. 아브라함의 믿음 (창12:1∼9)

아브라함은 이스라엘의 조상이요. (행7:2∼)
아브라함은 믿음의 조상이라고 한다. (롬4:11∼35)
아브라함이 하나님 앞에 인정 받은 믿음의 조상이다. 그의 민
음을 따라 믿으면 인정받게 될 것이다.
하나님께서는 갈대아우르에 사는 아브라함에게 나타나시어
네 고향 친척집을 떠나 내가 지시할 땅으로 가라, 그리하면 내가
네게 복의 근원이 되고 네 이름이 창대케 되리라고 하시니, 아브
라함이 그의 말씀을 따라, 갈 바를 알지 못하고 떠나갔다고 기록
한다. (히11:8-)
아브라함의 믿음은,
자기의 고향 땅 아비의 집을 떠나서, 하나님의 말씀에 순종하
여 갔다고하는데 위대한 믿음이었다.
오랫동안 터잡고 살아오던 아버지집, 친척과 고향 땅을 다 버
리고 가라고 하신 말씀을 따라 순종하여 떠났다고 한다. 이것이
아브라함의 믿음이다.
말씀을 그대로 받아들이고 그 말씀 따라서 순종하고 따라갔
다. 그러면서 가는 곳마다 제단을 쌓고 여호와의 이름을 불렀다
고 했다.
히11:1∼2. 믿음은 바라는 것들의 실상이요 보지 못하는 것들
의 증거라고 했다.

히 11:6. 하나님께 나아가는 자는 하나님이 계신 것과 자기를 찾는 자들에게 상주심을 믿어야 할지니라고 하신 말씀따라서 순종한 믿음이다.

이 아브라함이 주신 말씀을 붙잡고 말씀만 믿고 그 말씀에 순종하여 따라 행할 때 하나님이 아브라함을 인정하시어 믿음의 조상이라고 인정하셨으니 우리도 믿음의 조상의 믿음을 본받아 따라 순종하면 하나님의 인정받는 믿음의 후손들이 될 것이다.

3. 믿음의 정의

믿음이란 무엇인가?
사전의 정의는 믿다. 믿는다 (동사)로
"말이나 이야기 따위를 그렇게 여겨 의심치 않는다.
마음으로 의지 신뢰한다는 종교적인 신앙이다" 했다.
그러므로 믿음이란 말과 신앙이란 말이 같다.
믿음이란 어떤 신앙의 대상을 신뢰하고 의지하고 믿는것을 신앙이라고 정의했다.
즉 믿음은 대상되는 하나님을 신뢰하고 확신하는 일

원어의 뜻:
믿음이란 명사, 피스티스 (πίστις)는
믿는다란 동사 피스티우오 (πιστεύω)에서 왔고
그 어원은 페이토 (πείθω)에서 왔다고 한다.
그 뜻은 "설득되어지다" "인도되어지다"란 뜻 그러므로 믿음이란 나에게서 생겨지는 것이 아니고 상대에 의하여 설득되어 인도되어 확신하게 되여지는 것을 믿음이라고 한다.

상대에 의하여 설득되여짐은 성령에 의하여 조명되고 인도되고 설득되어 확신하게 되여지는것이 믿음이다.
롬 8:14~15에
14 무릇 하나님의 영으로 인도함을 받는 그들은 곧 하나님의 아들이라
15 너희는 다시 무서워하는 종의 영을 받지 아니하였고 양자의 영을 받았으므로 아바 아버지라 부르짖는 것이라고 했다.

예수님이 가이사랴 빌립보에서 제자들에게 물으셨다.
세상 사람들이 나를 누구라고 하더냐? 하니 듣는대로 세례 요한이 다시 살아 왔다고 하고 엘리야나 예레미아나 선지자 중의 하나라고 하더이다 하니
너희는 나를 누구라고 하느냐. (마 16 : 15~17)
시몬 베드라가
"주는 그리스도시요. 살아계신 하나님의 아들이시니이다"고 고백하자 예수님께서 만족해 하시면서 시몬에게 칭찬하시며, 이렇게 알게 하신이는 혈육이 아니라 하늘에 계신 내 아버지시니라고 하셨다.
혈육으로는 그리스도가 주님이심을 알 수가 없고 그리스도가 하나님의 아들이심을 믿을 수 있는 육체가 아무도 없다는 것이다.
고전 9:3~ 성령으로가 아니면 주 예수를 구주라고 할 사람이 없다고 했고
롬 8:9. 그리스도의 영이 없으면 그리스도인이 아니라고 했다.

요16:13. 성령이 오시면 믿는 자들은 진리 가운데로 인도할 것이요.

성령으로 인도함을 받는자가 곧 하나님의 자녀가 되고 성령으로 라야, 하나님을 아버지라고 부를 수 있게 됨을 뜻한다.

4. 믿음은 곧 하나님의 선물 (엡2:8~9)

믿음은 사람에게서 생기는 것이 아니라 성령에 의하여 설득됨에 확신하게 되는 것이라고 했다.

엡2:8~9　너희가 그 은혜를 인하여 믿음으로 말미암아 구원을 얻었나니 이것이 너희에게서 난 것이 아니요 하나님의 선물이라고 했다.

믿음과 구원은 하나님의 선물이라고 했다.

혈육의 육신으로는 알기를 원한다고해서 알 수 있는 것이 아니요. 알기를 계획하고 연구한다고해서 알 수 있는 것도 아니다.

인간의 어떤 길과 방법으로도 어떤 수단으로도 알 길이 없다.

하나님 편에서 알게 하셔야, 성령의 인도와 조명으로 이해되었고 설득되어야, 믿어지게 되고 고백하게 된다는 것이다.

그러므로 예수를 믿는다는 것은 혈통이나 육적으로나 사람의 뜻에서 되지 아니하고 오직 하나님께로 부터 난자라야 알게 된다고 했다. (요일1:13~)

하나님께로서 난 자 곧 성령으로 난 자가 곧 중생한 자라고 한다. (요3:3~7)

그러므로 믿음은 하나님이 주시는 선물이요. 성령님도 하나님이 택하신 자들에게 주시는 선물이라고 했다. (행2:38~)

이 선물은 하나님의 선택된 자들에게 은혜로 주어지는 선물이라고 했다. (행2:40~)

고넬로의 집에 모인 모든 사람들에게, 베드로의 말씀을 들을 때 성령이 임했다고 했고, 이 성령은 하나님이 주시는 선물이라고 했다. (행10:44, 행8:17~20)

5. 믿음의 종류

예수님은 세상에 오셔서 첫 외침이 (막1:14~)
"회개하고 복음을 믿으라"고 하셨다.

그리고 곧 갈릴리 해변 가에서 고기 잡던 어부들을 불러서 나를따라 오라고 부르시어, 시몬 베드로와 안드레와 야고보와 요한을 부르셨다.

그리고 이어서 12 제자를 부르셨다.

그렇게해서 그 때 예수를 믿고 따르는 무리가 큰 무리를 이루었다.

예수님께서 벳세다 들에서 5병2어의 기적으로 장정만 약 5천명을 먹이셨다고 했으니 무리의 수는 수만명에 이를것이다.

그 무리들 중에 예수를 믿고 따랐으나, 어떤 이들은 그의 교훈에 놀랐고, 당시의 서기관이나 랍비의 교훈들보다 훌륭하다고들 했다.

어떤 이들은 병고치는 이적을 보고, 병고침을 받기위해 따라온 무리들도 있었다.

떡먹는 이적으로 떡먹으려고 따른 이들도 있었다. 어떤 이들은 역사에 예언된 메시아로 기대하고 따라온 무리도 있었다.

성경에서 그들의 믿음이 다양하게 나타났다. 그들의 믿음을 간추려 분석하여 보면 대분하여 다음과 같이 분석할 수 있다.

1) 지식적으로 아는 믿음

예수님 당시에는 소문으로 듣고 예수님을 보기 원하여 따라온 무리들이 많았다.

오늘에는 역사에서 배우고 아는 예수에 대한 지식이다. 역사에서 기원전 4년에 유대 땅 베들레헴에 예수가 나시고 갈릴리에서 활동한 사람으로 소개하는 지식

세상 사람들은 알고 있기를 예수는 역사상의 4대 성인 중의 1사람이라고들 알고 있다.

석가나 공자나 쏘크라테스나 예수로, 그렇게 역사상의 한 인물로 배워서 아는 지식, 들어서 아는 상식, 피상적으로 아는 지식적 신앙은 참 신앙일 수 없다.

예수님을 하나의 윤리선생으로 안다든지 도덕적 모범자로 안다든지 하는 지식적 신앙은 참신앙이 못된다.

믿음의 대상을 바로 알지 못하면 맹목적인 신앙이 되고 배워서 피상적으로 아는 지식으로는 참 신앙일 수 없다. 믿음의 대상을 바로 아는 것이 중요하다.

2) 기적을 믿는 신앙

예수님을 따르는 무리들 중에는 예수님이 행하시는 기적과 이적을 보고 놀라고, 병고치는 능력과 굶주린 자들에게 떡을 먹이는 이적을 보고 따르는 무리가 있었다.

예수님은 회당과 각 촌에 두루 다니시면서 각색 병든 자들을

고쳐주셨고 약한 자들은 고쳐주시고 먹이셨다.

가나의 혼인잔치 집에서 물로 포도주를 만드신 기사와 눈 먼 자를 보게하시고 불치의 문둥병자들을 고치시고, 혈류증 환자들이나, 죽은 야이로의 딸을 살리기도 하고 나인성 과부의 아들을 살리기도 하고 죽은지 나흘이나 지난 나사로도 살리셨다.

놀라운 이적과 기사를 보고 또 자신의 병을 고침받기 위하여 각 촌에서 몰려와서 따르는 무리들이 있었다.

이런 무리들은 자기의 병을 고침받으면 그것으로 예수를 떠나는 사람들이다.

눅17:17. 사마리아 성을 지나시다가 열 사람의 문둥병자를 고쳐주셨을 때, 그 중에 이방 사람 한 사람만 되돌아와서 주님께 사례했다고 했다. 그 때 주님은 그 아홉은 어데갔느냐고 하셨다.

자기 병 고치기 위해서 주님을 만난 사람들, 병고침받고는 다 떠나가 버렸다.

나중 예수님이 로마병정에게 붙잡혀갈 때에 많은 군중들이 예수님을 배반하여 주먹질하며 십자가에 못박으라고 외치던 사람들이다.

이스라엘 사람들 만큼 이적과 기사를 체험한 사람은 또 없다. 애굽에 있을 때 모세로 애굽 땅에 10가지 재앙의 기적을 목도했다.

그리고 출애굽하여 홍해를 육지같이 건넜고 추격하던 애굽군사들이 홍해에서 장사되는 놀라운 기적을 목도한 이스라엘 백성들이다.

그러나 광야에서 물이 없을 때 하나님을 원망하고 불평한 백성이 이스라엘 백성들이다.

생명의 말씀으로 신앙의 뿌리가 박히지 못하면 수 많은 이적과 기사를 보고 또 자신들이 이적과 기사를 행했다손쳐도 참 믿음이 아니면 구원과는 상관이 없게된다.

많은 무리가 떠나가게 됐을 때, 주님은 제자들에게 너희도 가려느냐고 하실 때,

"주여 생명의 말씀이 계시오매 우리가 뉘게로 가오리까"고 고백한다. (요 6:68~)

3) 자기중심적 신앙

자기중심적인 신앙이란 기복적인 신앙이다.

신앙생활의 목적이 자기에게 있다. 자기가 복 받고 자기의 욕구충족을 위해서 하나님을 섬기고 필요로 하는 신앙이다.

신앙의 대상은 어디까지나 경배의 하나님이어야 하는데, 자기로 경배하며 자기로 중심하는 신앙은 참 신앙일 수 없다.

이런 신앙은 신앙의 시련이 오게되면 믿음을 배반하고 물러가는 신앙자들이다.

예수님의 씨뿌리는 비유에서, 돌작밭에 뿌려진 씨의 비유에 해당하는 사람들이다. 돌작밭에는 뿌리가 없어서 잠시 자라다가, 해가 비치고 바람이 불면 곧 말라버리는 신앙이다. (마13:5~6)

설혹 교회를 섬기며 봉사에도 참여하고 구제에도 동참하나, 자기의 칭찬이나 자기 명예의 영예나 바라고 섬기다가, 칭찬이나 인정을 받지 못하면 불평하고 원망하고 넘어지는 자들이다.

예수님은 자기의 칭찬이나 자기 인정을 받기위하여 사람에게 보이려고 구제하며 나팔을 부는 바리새인들을 호되게 책망하는

모습을 보게된다.

　자기중심의 자기 욕구, 이들을 위하는 신앙은 기복적인 신앙이요. 미신적인 신앙들이다. 참신앙 일 수 없다.

　마7:24. 주여주여 하는 자가 다 하늘나라에 들어갈 것이 아니요라고 경고하시면서 그 때에 주의 이름으로 귀신을 쫓아내고 주의 이름으로 권능을 행했다는 자들에게
　"나는 너희를 알지 못하노니 불법을 행한 자들"
　이라고 책망하신다. 이들은 다 자기를 위하여 밥 먹고, 돈 벌고 집 사고 한 삭군 목자들이다. (요10:11~12)
　＊참고로
　마7:21~23 나에게 주여 주여 하는 사람이라고 해서 누구나 하늘의 왕국에 들어갈 것이 아니고 하늘에 계신 내 아버지의 뜻대로 행하는 사람이 들어갈 것입니다. 그날에 많은 사람들이 나에게 주여 주여 우리가 주님의 이름으로 예언을 했고 주님의 이름으로 귀신을 쫓아냈고 주님의 이름으로 많은 기적을 행하지 않았습니까? 하고 말할것입니다.
　그러면 나는 그들에게 분명히 말할것입니다. 나는 너희를 전혀 모른다 불법을 행하는 사람들아 썩 물러가거라.

4) 행함이 없는 죽은 신앙

　행함이 없는 믿음은 죽은 믿음이라고 정의한다. 설혹 하나님을 나의 영혼의 아버지가 되시고 예수님이 나의 구세주가 되심을 믿고 있고 그리스도를 본받아 이웃을 내 몸과 같이 사랑해야 한다고 입설로 외우면서도 실제 삶에서 행함으로 옮기지 못하는 행동이라면 참믿음이라 할 수 없고 야고보서에서 보이는대로 죽

은 신앙이다. (약2:14-)

예수님은 마25:32~46 양과 염소의 비유에서

양의 편의 무리들에게

너희는 내가 병들었을 때 문병해 주었고 내가 감옥에 가쳤을 때 찾아와 주었고 내가 굶주리고 헐벗었을 때에 먹여주고 입혀 주었으니 나와 함께 주인의 즐거움에 참여하라고 하니, 모두들 주님 언제 그런 일이 있었습니까 하고 반문하자 소자 하나에게 행한 것이 곧 내게 행한것이니라고 하셨다.

반대로 염소된 한편의 무리들에게도 말씀 하신다.

너희는 내가 병들었을 때 문명하지도 아니하였고 내가 감옥에 가쳤을 때에 찾아주지도 아니하였고 내가 헐벗고 굶주렸을 때, 먹을 것이나 입을 것도 주지 아니하였으니 너희는 저 바깥 어두움에 처하라고 하시자 그 무리들이 이구동성으로, 주님, 언제 주님이 그렇게 병들었고 감옥에 가쳤으며 헐벗고 굶주렸습니까, 만일 주님이 그렇게 어려움을 당한 일이 있었으면, 우리가 정성을 다하여 주님을 섬기고 돌보고 위하였을 것입니다 하였을 때 네 이웃에 있는 소자 하나에게 행치 않은 것이 곧 내게 행치 않은 것이라고하여 알고만 지내고 행함이 없는 무리를 책망하신다.

알기는 하면서도 행치는 못하는 믿음은 죽은 믿음이다.

5) 참 믿음

믿음의 결국은 영혼의 구원이라고 했으니 (벧전1:9-)

구원얻는 것이 믿음이다.

자기 영혼의 구원을 이루는 신앙이 참 신앙이다.

112

영혼을 구원할 수 있는 믿음은 믿음이 있는 것이고 영혼을 구원할 수 없는 믿음은 믿음이 없는 것이다.

예수님은 왕왕 네 믿음이 너를 구원하였다고 하신 그 믿음은 참 믿음이요 그 믿음이 큰 믿음이다.

구원은 우리의 행위의 댓가로 주어지는 것이 아니다. 구원은 어디까지나 하나님의 은혜의 선물이다. (엡2:4~8)

그러나 그 믿음이 말씀에 순종함과 하나님의 뜻을 행하는데에 구원이 이루어진다. 그 말씀을 확신하고 확신하는 말씀따라 순종하는 믿음이 참 믿음이다.

마7:24에서 주여 주여 하는자마다 다 천국에 들어갈 것이 아니라 내 아버지의 뜻대로 행하는 자라야 들어가리라고 하신다.

하나님 아버지의 뜻대로 행한다는 말씀은 윤리적인 도덕적인 행위를 말하는 것이 아니다. 주신 말씀에 따라서 순종해야하는 행동의 실천을 뜻하는 말씀이다. 말씀 따라서 사는 삶을 뜻한다.

말씀에 따라 순종하고, 행함이 없는 믿음에는 하나님의 선물이 없다.

주신 교훈은 예수님과 같이 각기 자기의 십자가를 지고 희생하여 사마리아인 같이 자비를 베푸는 사람이어야 한다.

너도가서 이와같이 하라고 하신 행동을 말한다.(눅10:37-)

6. 우리는 무엇을 믿는가?

믿음에는 대상이 있다고 했다.

우리 믿음의 대상은 하나님이시다.

하나님이 인간에게 계시하신 말씀을 믿고 말씀이 육신의 몸을 입고 오신, 성육신하신 예수님을 믿고, 예수님이 오시어 하나님 나라의 비밀을 말씀하신 말씀들을 믿는다. 이러한 말씀들을 기록한 책이 곧 성경말씀이다.

히1:1- . 하나님께서 옛날에는 여러 선지자들에게 성령의 감동으로 각 부분적인 것들을 계시하시어 말씀하시다가 이 모든 날 마지막에 아들로 우리에게 말씀하셨으니 이 아들을 만유의 후사로 세우시고 또 저로 말미암아 모든 세계를 지으셨느니라고 했다.

이 마지막 날에 보내신 아들이 육신의 몸을 입고 오신 하나님이시다.

하나님이 우리와 함께하신 엠마누엘의 하나님이시다. (마1; 18-)

하나님이 사람의 몸을 입고 세상 사람들에게 오셔서 하나님의 나라의 비밀을 알게 하셨다. 그리고 하나님 아버지를 알게 하셨다.

그리고 하나님 아버지의 구원의 계획에 따라 예수님이 친히 만민의 죄를 대신하여 십자가에 달려 죽으시고 보혈을 흘려 우리의 죄를 다 사하여 주시었다. 장사 되시고 삼일만에 무덤에서 부활하시고 제자들에게 부활의 몸을 보이시고 40일 후에 하늘로 승천하시었다.

하늘로 승천하실 때 천사들이 구름타고 올라가신 모습 그대로 다시 오시리라고 예고 하셨다. (행1:11-)

주님은 가시면서 또 다른 보혜사 성령을 보내어 주실 것을 약속하셨는데, 그 약속이 오순절에 임하신 성령이시다. 이런 내용

이 곧 복음이다. (고전15:1~4)

하나님이 계시하여 나타내 보이시는 하나님과, 세상에 성육신 하시어 인간에게 와서 말씀하신 말씀을 기록한 성경과, 그 복음과 성령의 역사하심을 믿는다.

믿음의 대상되신 하나님에 대하여는 다음에 논하기로 하고 성경에 대하여 간단히 논하고져 한다.

1) 하나님의 말씀이신 성경

성경의 말씀은 영이신 하나님이 옛날에 여러 선지자들에게 성령의 감동으로 부분적인 말씀하신 것과, 마지막 날에 하나님의 아들이 사람의 몸을 입고 사람의 세상에 오셔서, 하나님의 나라의 비밀을 말씀하신 것들을, 성령의 감동을 받은 사람들이 기록한 책이다. 우리는 그것을 하나님의 계시의 말씀으로 믿는다.

딤후3:16~ 모든 성경은 하나님의 감동으로 된 것으로 교훈과 책망과 바르게 함과 의로 교육하기에 유익하니

벧후1:20~21 먼저 알것은 경의 모든 예언은 사사로이 풀것이 아니라 예언은 언제든지 사람의 뜻으로 된것이 아니요 오직 성령의 감동하심을 입은 사람들이 받아 말한 것이니라고 했다.

성경은 신·구약으로 되어 있는데,

구약의 정경 39권에서는 천지 창조로부터 오실 메시야에 대하여 예언하신 계시의 기록이요.

신약의 정경 27권에서는 구약에서 예언하신 메시야가 육신의 몸을 입고 인간 세상에 오시어 하나님과 하나님의 나라에 대한 비밀을 알게하신 말씀과 하나님의 구원의 계획을, 친히 예수님

이 십자가에 달리시어 죄를 대속하시는 죽으심과, 장사되어 무덤에서 3일만에 부활하시고 승천하신 기록과, 다시 오실 재림의 약속과 보혜사 성령의 약속이나, 복음에 대하여 교회에 편지한 내용들로 구성되어 있다.

성경에는 구원의 역사에 대하여 완전히 계시된 계시로써 빠진 것이나, 짝이 없는것이 없이(사 34:16, 40:26-) 완전하게, 모든 것이 계시되어 있어 여기에 무엇을 더하거나, 계시된 것을 빼거나 할 수 없게 했다.

만일 더하거나 감하는 자에게는 해당되는 벌을 주시리라고 경고한다. 절대 진리의 말씀이다.(계 22:18~19, 신 12:32-)

이 계시된 말씀은 세상 끝날까지 일점일획이라도 변함이 없이 영구보존되리라고 하셨다. (마 5:18- , 마 24:35-)

성경에는 수 많은 기사들로 기록되어 있다. 그 모든 기사들이 영구불변한 절대 진리들이다.

그 절대 불변하는 진리의 원칙들을 간추려, 복음의 절대 원칙이라고 불러본다.

(1) 영원 불변의 원칙이다

성경은 하나님의 계시하신 말씀을 성령의 감동으로 기록한 말씀이라고 했다. 이 성경은 세상 끝날까지 완전하여 영구불변의 절대 진리이다. (마 5:18-)

사 34:16- 에서 너희는 여호와의 책을 자세히 읽어보라. 이것들이 하나도 빠진 것이 없고 하나도 그 짝이 없는것이 없으리니 이는 여호와의 입이 이를 명하셨고 그의 신이 이것들을 모으셨음이니라.

계22:18- 내가 이 책의 예언의 말씀을 듣는 각인에게 증거하
　　　　 노니 만일 누구든지 이것들 외에 더하면 하나님이
　　　　 이 책에 기록된 재앙들을 그에게 더할 것이요.
계22:19- 만일 누구든지 이 책의 예언의 말씀에서 제하여 버
　　　　 리면 하나님이 이 책에 기록된 생명 나무와 및 거
　　　　 룩한 성에 참예함을 제하여 버리시리라.

(2) 심은대로 거두는 원칙

하나님이 주신 자연법칙으로 태초부터 세상이 끝날때까지 절대로 변할 수 없는 자연법칙이다.

콩심은 데서 콩 나고 팥 심은 데서 팥 나고 많이 심는 자가 많이 거두고 적게 심는 자는 적게 거두고 심지않는 자는 거둘것이 없게 되어있다.

육으로 심으면 육으로 썩을 것을 거두고 영으로 심으면 영원한 것으로 거둔다고 했다. (갈6:6~10)

사람이 그 말하고 섬기고 봉사한대로 갚음을 받게 되어있다. 소자 하나에게 냉수 한 그릇을 주는 자에게 결코 그 보상을 잃지 않으리라고 하셨다. (마10:42- , 고전15:58-)

하나님은 절대 공의로우신 하나님의 자연법칙이다.

(3) 구원의 원칙

세상 만인이 다 죄인이요 그 죄악에서 구원얻는 길은 예수 그리스도의 십자가의 공로 외에는 길이 없다고 했다. (행4:12-)

오로지 예수님의 이름과 그의 공로로만 구원얻는 진리는 영구 불변의 절대 진리이다.

어떤 길과 방법이 없다. 다른 복음은 없다. (갈1:7-)

믿고 구원얻는 길은 하나님이 택한 자들에게 주시는 은혜의 선물이라고 했다. 영구불변의 절대 진리이다. (엡2:4~8)

(4) 강복의 원칙

하나님은 만복의 근원이시요. 복의 하나님이시다.

우리가 하나님에게 복을 빌 때 축복이라는 용어로 쓴다.

그러나 왕왕 「하나님이여 축복하시옵소서」 라고 할때는 용어가 잘못됐다. 「하나님이여 복을 주시옵소서」 해야된다. 하나님이 또 어떤 이에게 복을 빌어줄 수 없기 때문에 그래서 강복이란 용어로, 복은 주시는 복을 내리시는 하나님이란 용어를 쓴다.

창1:28. 하나님이 그들에게 복을 주시며 가라사대 생육하고 번성하여 땅에 충만하라 땅을 정복하라.

바다의 고기와 공중의 새와 땅에 움직이는 모든 생물을 다스리라 하시니라.

창조시부터 복을 주시는 하나님이시다.

창12:1~3. 하나님이 아브라함에게 복을 주셨다.

엡1:3~ . 찬송하리로다 하나님 곧 우리 주 예수 그리스도의 아버지께서 그리스도 안에서 하늘에 속한 모든 신령한 복으로 우리에게 복주시되.

렘2:13. 내 백성이 두 가지 악을 행하였나니 곧 생수의 근원 되는 나를 버린 것과 스스로 웅덩이를 판 것인데 물을 저축할 수 없는 터진 웅덩이니라고

시16:2 내가 여호와께 아뢰되 주는 나의 주님이시오니 주 밖에는 나의 복이 없다 하였나이다.

신28:1~68에서 복의 근원이신 하나님이 복받는 길을 제시하신다. 그 말씀따라 순종하고 행하면 복이되고 그 말씀을 거역하고 살면 저주가 될 것을 선포한다.

그러므로 복의 개념은 하나님이 주시는 것이라야 복된 것이고 하나님께로 온것이 아닌 것은 복일 수 없다.

세상 사람들은 내가 얻은 것을 복으로 생각한다.

하나님이 주시지 않는것을 내가 취했다면 하나님의 징벌의 재료가 될것이지 결코 복될 수 없다.

도둑질해서 얻는 재물은 복이 아니라 징벌감이다.

아브라함이 얻은 이스마엘은 아들을 얻기는 했으나, 하나님이 주신 약속의 아들이 아니였기에 복될 수 없고, 아브라함의 가정에 분쟁이요, 역사이래로 오늘까지 이삭의 후손과 이스마엘의 후손이 전쟁으로 세상이 얼룩지고 있는 현실이다.

하나님에게 구하여 얻었다고해도 억지로 강제로 구하여 하나님이 즐겨주시지 않고 분노로 주신 것은 복일 수 없고 진노로 거두신다고 했다.

이스라엘 백성들이 사무엘 선지자에게 강요하여 왕을 세워 줄 것을 강권하여 하나님이 허락하여 사울 왕을 세워주셨다. 하나님이 분노로 주셨다.

그러나, 호13:7~ 에서 하나님이 분노로 주신 왕을 진노로 폐하셨다고 전한다.

하나님의 순리에 따라 얻는 것이라야 복이다.

(5) 만인평등의 원칙

하나님이 태초에 아담과 하와를 창조하실 때, 그에게 영혼을

주어서 생령이 되게하셨다. (창1:27~)

아울러, 하나님의 형상을 따라서 창조된 하나님의 피조물이다.

우리 생명의 존귀는 우주보다 더 귀하다고 했다.

인간의 존귀함은 그 외모나, 피부색이 아닌 하나님이 주신 생명·영혼에 있다. 하나님의 형상으로 지음 받은 인간에게는 유대인이나 이방인이나 백인이나 흑인이나에 차별이 없다.

모두가 다 하나님의 지으신 하나님의 자녀다. 하나님의 자녀로써, 하나님 앞에 동등하다.

남자와 여자가 다른점은 역할이 다를 뿐이지 하나님 앞에 인권의 차이가 다른것은 없다.

갈3:28~ 너희 유대인이나 헬라인이나 종이나 자주자나 남자나 여자 없이 다 그리스도 예수 안에서 하나이다.

엡2:19~ 그러므로 이제부터 너희가 외인도 아니요 손도 아니요 오직 성도들과 동일한 시민이요 하나님의 권속이라고 했다.

롬3:29. 하나님은 홀로 유대인의 하나님 뿐이시뇨 또 이방인의 하나님은 아니시뇨 진실로 이방인의 하나님도 되시느니라.

그러므로 세계 만민이 다 하나님의 형상따라 지음받은 하나님의 피조물이요. 하나님의 자녀들이요. 권속이기에 차별이 있을 수가 없다.

(6) 십자가의 원칙

십자가는 하나님의 아들 예수님이 세상 죄를 대신하여 하나님의 형벌에 희생의 제물이 되신 일이 십자가이다.

이 대속의 길 외에는 세상의 죄를 용서받을 수 있는 길은 어디에도 없다.

이 십자가는 죄인을 대신하여 희생하신 대속의 십자가로, 고난의 상징이요 수치의 길이다.

십자가의 의미는 남을 위해 받는 고난과 수치이어야 한다. 자기의 잘못이나 자기의 허물로 받는 고난과 수치는 십자가의 의미가 없다.

예수님은 믿는 제자들에게 각기 자기의 십자가를 지고 나를 좇으라고 하셨다.

마16:24. 예수께서 제자들에게 이르시되

아무든지 나를 따라 오려거든 자기를 부인하고 자기 십자가를 지고 나를 좇을 것이니라고 했고

마10:38~39. 또 자기 십자가를 지고 나를 좇지 않는 자도 내게 합당치 아니하니라. 자기 목숨을 얻는자는 잃을 것이요 나를 위하여 자기 목숨을 잃는자는 얻으리라.

십자가의 죽음의 길이 없이는 다시 사는 부활의 영광의 소망은 없다.

고전1:23. 우리는 십자가에 못박힌 그리스도를 전하니 유대인에게는 거리끼는 것이요. 이방에게는 미련한 것이로되 오직 부르심을 입은 자들에게는 유대인이나 헬라인이나, 하나님의 능력이요. 하나님의 지혜니라.

(7) 절대 사랑의 원칙

하나님의 부름받은 우리는 벌써 하나님의 절대적인 사랑을 입은 사람들이다.

엡2:4~5 긍휼이 풍성하신 하나님이 우리를 사랑하신 그 큰 사랑을 인하여 허물과 죄로 죽었던 우리를 살리셨다고 했다.

하나님은 사랑이시다 사랑의 하나님이 우리를 먼저 사랑해 주

시어 구원하시고 (요일 4:10~21)
　세상을 사랑하시어 독생자를 주셨고 (요 3:16)

　롬 13:8- , 10- ,
피차 사랑의 빚 외에는 지지 말라
남을 사랑하는 자는 율법을 다 이루었느니라
　다른 계명이 있을지라도 네 이웃을 네 자신과 같이 사랑하라
하신 그 말씀 가운데 다 들었느니라.
　예수님이 우리 위해 십자가에 죽으심은 하나님이 우리를 사랑
하신 확증이라고 했다.
　롬 5:8 우리가 아직 죄인되었을 때 그리스도께서 우리를 위하
여 죽으심으로 하나님께서 우리에게 대한 자기의 사랑을 확증하
셨느니라.

　이 사랑의 길만이 복음의 완성이요, 믿음의 길이요, 믿음의 삶
으로 명하신다. 이 사랑이 희생적인 무조건적인 사랑이다. 나부
터 먼저 하게하는 사랑이다.
　이것이 사랑의 하나님이 우리에게 기대하시는 복음의 길이다.

2) 사도신경

사도신경은 사도들의 신앙고백이라고 하여 성경에서 믿음의 요리를 간추려낸 것이 사도신경이다.

사도신경은 믿음의 기본이요, 믿음의 핵심이다.

사도신경은 모든 교리의 근본으로 삼고, 믿음의 기준으로 삼아, 사도신경에 어긋나면 이단으로 규정한다.

사도신경은 언제부터 어디에서 제정되어 사용됐는지는 그 근거를 확실히 잡지는 못하나, 교회가 오래 전부터 사용해 왔다고 전하며 대략 5세기 말에 제정된 것으로 전하고 있다.

그 동안 교회가 오랫 동안 사용해 오던 것을 한국기독교 교회 총연합회 (KNCC)에서 2004년 12월에 재 번역 해서 한국에서는 새 번역된 본문을 사용하고 있다. 참고로 본문을 싣는다.

■ 개정전

전능하사 천지를 만드신 하나님 아버지를 내가 믿사오며
그 외아들 우리 주 예수 그리스도를 믿사오니
이는 성령으로 잉태하사 동정녀 마리아에게서 나시고,
본디오 빌라도에게 고난을 받으사
십자가에 못박혀 죽으시고
장사한지 사흘 만에 죽은 자 가운데서 다시 살아나시며
하늘에 오르사 전능하신 하나님 우편에 앉아 계시다가
저리로서 산 자와 죽은 자를 심판하러 오시리라
성령을 믿사오며 거룩한 공회와
성도가 서로 교통하는 것과
죄를 사하여 주시는 것과 몸이 다시 사는 것과
영원히 사는 것을 믿사옵나이다. 아멘

■ 개정후

나는 전능하신 아버지 하나님 천지의 창조주를 믿습니다
나는 그의 유일하신 아들 우리 주 예수 그리스도를 믿습니다
그는 성령으로 잉태되어 동정녀 마리아에게서 나시고
본디오 빌라도에게 고난을 받아 십자가에 못 박혀 죽으시고
장사된 지 사흘 만에 죽은 자 가운데서 다시 살아나셨으며
하늘에 오르시어 전능하신 아버지 하나님 우편에 앉아 계시다가
거기로부터 살아 있는 자와 죽은 자를 심판하러 오십니다
나는 성령을 믿으며 거룩한 공회와
성도의 교제와 죄를 용서 받는 것과
몸의 부활과 영생을 믿습니다. 아멘

• 아는 것과 믿는 것

우리의 믿는 믿음은 베드로의 고백에서

"주는 그리스도시요 살아계신 하나님의 아들이십니다"고 하신 고백(마 16:16-)을 받아 믿는다.

믿음에는 믿는 대상을 바로 알고 믿는 것이 절대 중요하다. 믿는 하나님을 바로 알고, 구세주 예수를 바로 알고 역사하시는 성령님을 바로 알고 믿어야, 바른 신앙이 되는 것이다.

믿음의 대상을 알지도 못하고 믿는다면 맹목적인 신앙이요 미신적인 신앙이 된다.

칼빈은 우리가 하나님을 바로 알지 못하고서는 나 자신을 찾을 수 없고 나 자신을 찾지 못하고서는 하나님을 바로 섬길수가 없다고 했다.

그러므로 믿음의 대상을 바로 아는 것이 근본으로 대단히 중요하다, 우선순위이다.

요7:3~ 영생은 곧 유일하신 참 하나님과 그의 보내신 예수 그리스도를 아는 것이니라고 했다.

호4:1~10. 호세아 선지는 이스라엘 백성들에게 경고하기를, 이스라엘 백성이 하나님을 아는 지식이 없어 하나님을 알지 못하여 망한다고 경고한다.

이스라엘 백성 만큼 하나님의 이름을 부르고 하나님을 경외한다는 백성은 더 없을 것이다.

하나님을 하나님으로 바로 알고 바로 섬기지 못하는 것을 책망하시는 경고이다.

1) 내 일방적으로 안다는 지식

내 편에서만 일방적으로 아는 지식을 말한다. 한 편에서만 내 편에서만 안다고하는 지식은 온전히 아는 지식일 수 없다.

가령 내가 이명박 대통령을 안다고 하자.

소개를 받아서 아는 지식들이다.

그가 경상도 사람으로 고대 출신이요 현대건설에서 서울시장을 거쳐 대통령이 된 사람이라고 알고 있다.

내가 그를 그렇게 안다고 한들 그가 나를 모른다고 하면 그런 앎은 참된 지식일 수 없다.

그에게 물어서 최지웅이란 사람을 아느냐고 물으면 모른다고 할 것이 분명하다.

그런 일방적인 아는 지식은 바로 앎이 아니다.

나의 예를 들면

나는 은퇴하고 이곳 San Jose에 와서 지낼 때, 자유롭게 노타이 차림에 잠바를 걸치고 빵덕모자를 쓰고 지낸다.

어떤 날 한국 수퍼에 가서, Cart를 끌고 장을 보려는데 어떤 젊은 여인이 나에게 인사를 해온다.

"목사님 안녕하세요" 하고 나는 인사를 받았으나 그가 누구인지 알지 못하고 인사를 받았다.

그 때는 시온 영락교회의 설교목사로 나가기 전이라 대성교회의 강단이 빌 때면 설교목사로 설 때이다 아마도 대성교회의 교인으로 짐작한다.

그러나 그는 나를 목사인줄 알고 인사를 했으나, 나는 그가 누구인지를 모르고 인사를 받았다.

이런 관계를 안다고 할 수는 없다.

오래 전에 서울교역자회에 영락교회의 한경직 목사님이 오셔서 간증 하시는 중에, 한 목사님께서 부산에 집회가 있어서 다녀오시는 길에, 기차를 타고 돌아오시는 데 마주앉은 젊은 여인이 인사를 하고 있다가 강생회 판매원이 지날 때 여인이 먹을 것과 마실 것을 사서 공궤를 하는대로 맛있게 먹고 마시고 너무 고마워서 물었다고 한다.

"자매님 교회에 다니십니까?" 했더니, 여인이 "어머나 내가 영락교회 아무개 집사인데" 하더란 것이다.

한 목사님은 너무나 미안하고 무안해서 부끄러웠다고 하시면서 자기 교회 수백 명의 집사님들을 일일히 다 모른다고 하시었다.

그러나 집사님들이나 교인들은 일방적으로 한 목사님을 안다고 할 것이다. 그렇게 일방적인 앎은 참된 앎이 못된다.

옛날에 들은 이야기다.

평양 장대현교회의 길선주 목사님은 부흥사로 유명하신 분이셨다.

하루는 평양에서 사리원으로 부흥회 인도차 기차로 가면서 성경을 꺼내 읽고 있었는데 맞은 편에 젊은 사람이 앉아서 말을 걸어 왔다고 한다.

"선생님 예수님 믿으십니까"고, 길 목사님은 "예"하고 대답하고 "젊은이도 예수 믿으세요?"하고 물었더니 예수를 믿는단다.

그러면서 젊은이가 다시 물어 오기를

"길선주 목사님을 아시나요"라고 하였단다. 그래서 길 목사님은 "예 알고 있지요" 하고 답하고 젊은이에게 다시 묻기를 "젊은이도 길선주 목사님을 아시나요" 하고 물었더니, 어깨를 으쓱하면서 "요즈음 평양에 사는 사람치고 길선주 목사님을 모른는 사람이 있나요"라고 했단다.

이렇게 아는 지식은 바로 아는 지식이 못된다. 앞에다 본인을 놓고서도 알아보지 못하는 지식은, 피상적인 들어서 아는 지식이기 때문이다.

- 오해와 착각 (마22:23~30,)

부활이 없다고 하는 사두개인들이 예수님에게 질문 하기를 아들 칠 형제가 한 여자에게 장가 들었고 자식이 없이 죽었는데 부활 때에는 그 여자는 뉘 아내가 되겠느냐고 질문할 때 예수님의 대답이 너희가 천국에 대하여 오해하고 있다고 하시면서 부활 후에는 이 세상에서와 같이 시집가고 장가가는 것이 아니라 천사와 같이 신령한 영물이 되어 중성으로 변한다고 했다.

오해란? 잘못 이해하는 것을 (Missunder Standing),

Conpletely wrong, in Error, 오해라고 했다.

착각은 착시현상에서 오는 잘 못 이해하고 깨닫는 것을 착시현상이라고 한다.

착시현상은 여러가지로 온다.

물컵에 젖가락을 꽂으면 수면에서 굴절현상이 보인다.

기차 레일의 먼 끝을 보면 양 끝이 하나로 맏닿는 것으로 보인다. 그러나 실상은 맏닿는 것이 아니다. 맏닿으면 기차가 달릴 수가 없다.

동천에 떠오르는 달이 중천의 달보다 훨씬 커 보인다. 사실은 꼭 같은 달인데도,

지평선이란 것과 수평선이란 것이 그렇다.

땅 끝에서 하늘이 맏닿는 곳을 지평선이라고 하고 바다에서 하늘이 맏닿는 곳을 수평선이라고 하나 실상에는 하늘이 맏닿는 곳은 어디에도 없다.

무지개를 보는 시각이 그렇다. 이 산의 계곡과 저 산의 계곡에 다리 놓은 것같이 보여 이 산의 계곡에 찾아가면 무지개는 또 더 멀리로 옮겨가 있다 손에 잡을 수가 없다. 이런 것들이 다 착시현상이다.

객관적인 사실을 볼 때 사실대로 바로 믿지 못하고 내 주견과 나의 선입견에 의하여 착시현상으로 오해하고 착각하는 사실들이 많이 있다.

유대인들이 오신 예수님에 대한 메시야 선입견 때문에 오해했다. (눅23:34-)

자기들의 주견으로는 다윗 왕권으로 오시어서 로마의 왕정을 부수고 이스라엘 나라를 회복해 줄것으로 기대했다. 그러나 실

상 예수님은 그렇치 못했다. 그래서 실망하여 배신한 것이다. 그 대표적인 인물이 유다다. 그래서 주님은 그들의 알지 못함을 용서해 달라고 기도했다.(마 23:15~16)

예수님의 제자들이 바다위로 걸어 오시는 주님을 보고 유령이라고 했다. (마 14:26-)
예수님이 부활 후에 동산에서 마리아에게 나타났을 때 동산지기인줄로 착각했다. (요 20:15)
엠마오로 가던 제자들이 부활하신 주님과 동행하면서도 한 행객으로 착각한 현상이다. (눅 24:13-)

철학자 Descart의 착각
길 가다가 큰 구렁이를 만나 피해 걷다가 돌아오는 길에 그 구렁이를 또 보았다. 그때 생각에 죽은 구렁이인가 보다 하고 지팡이로 건드려 보았다. 죽은 구렁이가 아닌 썩은 바오라기가 구렁이 처럼 보였던 것이다.
철학자는 생각할 때 내가 알고 있다는 것이 이렇게 잘못 이해하는 것은 없는가고, 알고 있는 것을 부인하다가 "나는 생각한다 그러므로 나는 존재한다"는 철학의 명제를 얻었다고 전한다.

성경 에 5:14~ 에서
하만이 스스로 생각하기를 왕이 존귀하게 여기는 자는 자기밖에 없으리라고 착각했다. (에 6:6)
그래서 자기집 마당에 50q의 기둥을 세워서 모르드개를 달아 죽이려다가 자기가 달리어 죽게된다.
착각은 금물이다.

2) 주님이 인정하는 지식

내가 주님 안다고 할 때 주님도 나를 안다고 할때 진정한 아는 지식이 된다. 쌍방이 알고 있어야 아는 지식이 된다.

예수님의 안다고 하는 응답을 받아야 바로 아는 지식이 된다.

예수님에게 안다고 인정받는 지식에는 우리가 사람 앞에서 예수님을 안다고 증거할 때, 예수님도 안다고 인정하시마고 하셨다.

마10:32~33

누구든지 사람 앞에서 나를 아는 자라 인정하면 나도 하늘 아버지 앞에서 저를 시인할 것이요.

사람 앞에서 나를 부인하면 나도 하늘 아버지 앞에서 부인하리라고 했다.

사람 앞에서 안다고 하는 일은, 시험이 올 때도 배반치 않는 신앙의 고백을 뜻한다.

이것이 예수님과의 관계를 이루는 참 관계다.

마귀의 신앙은 예수님과의 관계가 없는 신앙이다.

마귀가 알기는 귀신같이 알고 알 것은 다 알고 있으나 예수님과의 관계는 없는 지식이다.

귀신은 하나님을 대적하는 적대자다.

귀신은 세상적이요 정욕적이요 마귀적이라고 했다.(약3:15-)

눅8:26~40에서

거라사인의 귀신들린 사람이 예수를 만났을 때, 지극히 높으신 하나님의 아들이라고 불렀다. 우리를 무저갱으로 보내지 마소서 한다.

무저갱은 심판 때에 마귀를 보낼 곳으로 알고있다 (계9:1~)

약2:19- 마귀도 하나님이 한 분이심을 알고 믿는다고 했다.

알 것은 다 알아도 예수님과의 관계가 없다면 예수님에게 인정을 받을 수 없다. 그런 관계는 바른 관계가 될수 없다.

아무리 알 것을 다 알고 믿는다고 해도 예수님과 관계되어, 예수님에게 인정받지 못하는 지식은 참 지식일 수 없다.

사람들 앞에서 믿음을 고백하고 믿음을 증거할 때 구원의 신앙이 이루어지는 것을 보인다. (롬10:10~)

사람이 마음으로 믿어 의에 이르고 입으로 시인하여 구원에 이르느니라.

내가 믿는 하나님

제 Ⅴ 장   내가 믿는 하나님

성경에서는 하나님에 대하여 조직적으로 설명하는데가 없다.
창1:1에서

태초에 하나님이 천지와 만물을 창조하셨다고, 이미 하나님 계신것을 전제로하고 출발한다.

이스라엘 백성들은 하나님에 대하여 설명이 없어도 이미 익히 알고 있는 배경에서 시작한다.

하나님은 영이시기에 아무도 본 사람은 없고 볼 수 있는것도 아니다. (요일4:12-)

그래서 하나님을 알 수 있는길은 하나님이 계시하신 말씀인 성경에서 하나님이 계시하여 보여주신 것만큼만 찾아 볼 수 있다.

성경에서 하나님은 총체적으로 보여 주심이 없고 부분적으로 계시하는 것을 (히1:1~) 종합해서 추리해 볼 수 있다.

사람은 하나님에 대하여 완전히 이해하거나 알 수 없다. 하나님은 무궁하신 분이시기에 피조물인 인간에게는 안다는 이성에 한계가 있다.

사람의 이성으로서는 무궁무한하신 하나님을 측량할 수 없다.

마치 사람이 바닷물을 조개껍질로 헤아려보려는 것과 같다고 묘사했다.

하나님은 그 바다 보다 더 광대하시고 무궁무한한 분이시기에 다 알 수는 없다.

성경에서 계시해 주시는 하나님을 찾아 보려고 한다.

1. 아브라함의 하나님 (창12:1~9)

성경에서 하나님을 부를 때, 아브라함의 하나님 이삭의 하나님 야곱의 하나님이라고 불렀다.(창 28:13-, 왕상 18:36-)

이것은 이스라엘 민족의 하나님이라는 역사적 하나님이심을 뜻한다. (출 3:6-, 4:5-, 눅 20:37-, 마 22:32-)

아브라함은 이스라엘의 조상이요 (행 7:2-)

또 믿음의 조상이라고 묘사한다. (롬 4:11~35)

하나님을 믿는 우리는 아브라함의 후손이라고 했다 (갈 3:6-)

믿음의 조상이된 아브라함은 믿음에서도 하나님에게 인정을 받았고 하나님 앞에 부름받은 믿음의 조상이요. 그래서 아브라함이 섬긴 하나님을 찾아서 우리도 그대로 섬기면 하나님 앞에 인정받는 아브라함의 후손이 될 것이다.

그래서 먼저 아브라함에 계시하신 하나님을 찾아보려고 한다.

• 아브라함에게 계시하신 하나님

아브라함의 고향 땅 갈대아우르, 메소보다미야에서 하나님이 찾아오시어 (행 7:2~3)

136

네 아버지의 집과 친척과 고향 땅을 떠나서 내가 지시하는 땅
으로 가라고 하실 때, 아버지 데라와 함께 떠나서 헤브론에 머물
다가 아버지 데라가 죽자 다시 하나님이 나타나시어 떠나라고 하
실 때 떠나서 갈바를 알지 못하고 갔다고 했다. (히 11:8-, 창 11
:30-)

아브라함에게 계시하신 하나님은, 찾아오신 하나님이시다.
찾아오셨다는 뜻은 활동 하시는 분이요. 섭리하시는 분으로
하나님은 아브라함에게만 찾아오신 하나님이 아니요 노아에게
도 찾아오셨다. (창 6:8-)
아브라함의 집에서 도망하는 하갈을 찾아오셨다. (창 16:7-)
집을 떠난 야곱에게 찾아오셨다. (창 28:15-)
모세에게 찾아오시고, (출 3:1~4)
구약의 여러 선지들에게와, 필요한 사람에게 찾아오시는 섭리
하시는 하나님이시다.
아브라함에게 찾아오신 하나님이 말씀하셨다.
말씀하셨다는것은, 주장하시는 분이란 뜻이다.
어느 모임에나 교회에서 말씀하시는 분이 그 모임을 주장하시
는 분이요. 그 모임을 이끌어가는 사람이다.
하나님은 자기의 뜻을 계시하시어 자기의 뜻을 이루시기 위해
말씀하신다.
말씀하시는 자란 살아있는 자란 뜻이다.
죽은 자는 활동도 못하고 말을 못하기에 그렇다.
눅 20: 34~40
하나님은 죽은 자의 하나님이 아니시오 산자의 하나님이시다
고 했다. 하나님이 살았다는 뜻이요. 하나님에게는 죽은자와는

말씀할 수 없다. 그래서 죽은 자는 살려주시어 말씀하시는 분이시다. (갈1:1~)

하나님은 산자의 하나님이라 믿음이 산자, 소망이 산자, 행동이 산자에게 말씀하신다.

하나님은 우주의 만물을 창조하실 때에도 말씀으로 우주를 창조하셨다고 했다. (창1:1~3)

인류의 역사는 하나님의 말씀의 역사다. 살아계신 하나님은 죽은 우상을 섬기지 말라고 말씀하신다. 우상은 말도 못하는 사람의 수공물이요. 하나님은 각 사람에게 말씀하실 때, 때에 맞는 말씀으로 말씀하시는 하나님이시다.

노아에게, 아브라함에게, 모세에게, 선지자들에게 때에 따라 말씀하신다.

그 말씀이 계시된게 성경말씀이다.

말씀하시는 하나님이 성육신하시어 우리 인간에게 찾아오셨다. 임마누엘의 하나님이시다. (마1:22-)

하나님은 모든 인류에게 계속해서 말씀하시는 하나님이시다.

아브라함에게 찾아오시어 복을 주시고

하나님은 복을 주시는 복의 근원이시다.

아브라함에게 찾아오시어 말씀하시되 복을 주신다.

하나님이 아브라함에게 복을 주시며 큰 민족을 이루며 창대케 되리라고 복을 주신다. 너는 복의 근원이 되어 너로 온 백성이 복을 누리게 되리라고 복을 주신다.

하나님은 아담 하와에게 가정을 이루시고 복을 주시며 생육하고 번성하라고 하셨다. (창1:28-)

하나님은 인간 만민에게 복을 주시는 복의 근원이시다.

아브라함에게 나타나신 하나님은 아브라함에게 경배를 받으
셨다.

아브라함이 길을 가면서 남방으로 옮기면서 가는 곳마다 제단
을 쌓고 여호와의 이름을 불렀다고 했다.

하나님은 만민에게 경배를 받으시는 하나님이시다.

복 받은 백성들이 경배로 보답해야 할 것이다.

• 우상을 섬기지 말라 (출 20:2~3, 시 115:4~8)

성경은 우상에 대하여 하나님 외에 다른 신을 두지도 말라고
했고, 우상을 만들거나 섬기지 못하게 엄히 경계하신다.

우상은 사람이 금, 은, 돌로 새기거나 나무로 깍아서 만든 사
람의 수공물이라서 우상은 입이 있으나 말도 못하고 눈이 있으
나 보지도 못하고 귀가 있으나 듣지도 못하고 손, 발이 있으나
만지거나 걷지도 못하는 생명없는 죽은 것이기에 섬기지 말라고
하신다. (시 135:18)

하나님 외에 아무 신이든지 두지 못하게 하고 우상은 어떤 형
상으로도 세우지 말며 절하여 섬기지 말라고 했다.

우상은 자기 자신도 보존하지 못한다. 난리가 나면 사람이 둘
러 메고 옮기어야 하는 존재다.

우상은 아무것도 아니다.

그것을 만드는 자와 그것을 섬기는 자가 다 그것과 같이 아무
것도 아니게 될것이다고 했다. (시 135:18~)

현대인에게 우상은 하나님보다 더 사랑하고 하나님보다 더 위
하는 그것이 우상이 된다고 했다.

하나님과 재물을 겸하여 섬길 수 없다고 했다. (마 6:24-)

2. 하나님의 속성

영이신 하나님께서 인간세계에 계시하신 하나님으로 계시된 하나님에 대하여 어떻한 분이신지를 알아야 한다. 하나님에게 갖고있는 성품을 속성이라고 하여 그 속성을 통하여 하나님이 어떻하신 분인가를 헤아린다.

하나님의 속성은 대분하여 비공유적 속성과 공유적 속성으로 나눈다.

비공유적이란 하나님만이 갖고 있는 속성을 뜻하고 공유적이란 인간에게도 그런 성품이 있는것을 뜻한다.

여기에 나누는 분류는 학자들에 따라 다름을 일러둔다.

1) 비공유적 속성

① 하나님은 영원 자조자이시다. (출3:14~15), 독립성.

하나님께서는 호렙산 가시떨기 불꽃 가운데 모세에게 나타나시어 자신을 계시하시기를 "나는 스스로 있는자"라 하시면서

너는 이스라엘 자손에게 가서 너희에게 보내신 너희 조상의 하나님, 아브라함의 하나님, 이삭의 하나님, 야곱의 하나님 여호와라하라.

이는 나는 영원한 표호니라고 하셨다.

하나님은 영원 전부터 영원 후 영원까지 스스로 계시는 자존하시는 하나님이시다. 영원 자존자로 스스로 온전하시고 스스로 완전하신 스스로 독립성을 가지신 하나님이시다.

세상의 모든 만유에는 시작이 있고 끝이 있으나 하나님에게는 시작도 없고 끝도 없으시다.

스스로 영원 전부터 영원 후까지 다른 것에 의존함 없이 독립적으로, 영원 자존하시는 분이시다.

영원한 처음과 나중이시다.

② 편만하신 하나님 (시139:1~8,)

하나님은 영으로서 시공간을 초월하여 언제나 어디에나 계시는 편만하게 계시는 하나님이시다.

시간적으로 시작이나 끝이 없으시고 공간적으로 언제나 어디에나 동시에 계시는 편제의 하나님이시다.

하나님의 낯을 피하여 숨을 곳이 없다고 노래한다.

하늘에 올라가도 거기 계시고 바다 끝에 날아가도 거기 계시고 음부에 자리를 펴도 거기 계시고 어디에서나 피할 길이 없다고 하셨다.

하나님은 나의 앉고 섬을 다 아시고 보시고 멀리서도 나의 생각까지 다 보시고 아시는 분이시다.

렘 23:24 사람이 나에게 보이지 아니하려고 은밀한 곳에 숨길 수 있겠느냐 나 여호와가 말하노니 나는 천지에 충만하지 아니하냐?

집을 떠나 멀리 하란으로 가다가 루스라는 들판에서 날이 저물어 돌벼개하고 누웠을 때 야곱에게 찾아 오셨다.

야곱이 놀라서 하나님이 여기도 계시도다 하여 하나님의 집이라고 벧엘이라고 이름했다. (창 28:10~15)

하나님은 요셉이 애굽으로 팔려갔을 때 그와 함께 하셨다고 했다. (창 39:1~6)

신 11:8~12에서 너희가 얻을 가나안 땅에 들어가거든 내가 너희와 함께 하고 나 여호와의 눈이 항상 그위에 있을 것이라고,

시 23:4에서 사망의 음침한 골짜기에도 함께하시는 하나님은
사 43:1~3에서 야곱에게 어떤 환경 어떤 곳에도 함께하여 도
와줄 것을 약속하신다.

③ 유일하신 하나님
하나님은 자존하시면서 유일무이하신 하나님이시다.
우주에 둘도 없는 오직 한 분이신 참 하나님
여호와는 하나인 하나님이시요 그 외에 다른 신이 없음을 알
게하게 하시니라.
출 20:1~2 나는 이스라엘 백성들을 애굽땅에서 인도해 낸 여
호와 하나님이니라. 나외에 다른 신이 없느니라.
딤전 6:15~ 홀로 한 분이신 능하신 자라고 했다.
막 10:18~ 하나님 한 분 밖에는 선하신 이가 없다고
신 4:6~9 너희는 옛적 일을 기억하라 나는 하나님이라
나 같은 이가 없느니라고,
신 6:4 세상에 어느 무엇과도 비교할 수 없는 유일하신 하나
님이시다 고

④ 하나님은 빛이시다
요일 1:5 하나님은 빛이시다 그에게는 어두움이 조금도 없으
시다고 했다.
약 1:17 모든 좋은 선물들은 위로 빛들의 아버지게로서 온다
고 했고,
요 1:4~9 예수님이 세상에 사람의 몸은 입고 성육신 하실 때
에 세상의 빛으로 오셨다고 기록한다.
예수님은 삼위일체의 한 하나님으로 빛의 속성을 갖이신 빛의

하나님이시다.

하나님의 본성이 빛이시며, 하나님의 영광의 광채가 나타난다고 했다.

그러므로 하나님이 계시는 천국에는 하나님의 영광의 빛이 항상 언제나 광명하게 비치기에 태양과 같은 빛은 필요없다고 했다. (계21:23, 계22:5-)

빛이 없으면 아무것도 분별이 않된다. 빛은 생명의 근원이다.

⑤ 영원불변하시는 하나님 (히13:7~8)

영원불변 하시다 함은 영원 완전하심을 뜻한다.

하나님에게는 어제나 오늘이나 동일하신 분이시다. (히13:7~8)

철학자 헤라크레토스(헬)는 세상의 만물은 끊임없이 유동한다고 했다.

세상의 만유에 변하지 않는것이란 아무것도 없다.

변화한다는 것은 불완전하기 때문이다.

하나님이 영원 불변하시다는 뜻은 하나님의 속성이 영원 무궁하시다는 뜻이다. 절대 변함이 없으시다.

하나님에게는 회전하는 그림자도 없으시다. (약1:17~)

하나님의 속성이 영원불변하시니

하나님의 계획이나 하나님이 하시는 일이 다 완벽하시어 영원 변함이 없으시다.

말3:6 여호와는 변역하지 아니하시나니 그의 의지나 그의 계획에 변화가 없으시다.

엡1:4~5 하나님의 계획에서 창세 전에 계획하신 예정하시고 선택하신 구원의 역사는 영원불변하신 하나님의 약속이다.

2) 공유적 속성

① 영이신 하나님

영이란 비물질적인 생명체를 뜻한다.

하나님은 순수한 영체이시다. 하나님에게는 육체의 형상이 없다. 그래서 사람이 아무라도 볼수 없다. (요일 4:12~)

요 4:24~ 하나님은 영이시니 예배하는자가 신령과 진정으로 예배할지니라 고

② 모든 것을 아시는 하나님-전지

하나님은 영원 전부터 영원 후까지 영원히 계시면서 우주의 모든 것을 아시되 개별적으로 완벽하게 완전히 다 아신다.

하나님에게는 모르심이나 어두운 것이 없다. (요일 1:5~)

시 139:1~4. 여호와여 주께서 나를 감찰하시고 아시나이다.

주께서 나의 앉고 일어섬을 아시며, 멀리서도 나의 생각을 통촉하시오며, 나의 길과 눕는 것과 나의 모든 행위를 감찰하시며 익히 아시오니 여호와여 나의 혀의 말을 알지 못하심이 하나도 없나이다.

우리의 행위를 아실뿐 아니라 우리의 마음을 아시고 우리의 생각까지 다 아시는 하나님이시다.

요 21:17. 베드로가 주여 모든 것을 아시오매 내가 주를 사랑하는 줄을 주께서 아시나이다 고

하나님은 우리의 머리털까지도 다 세시어 알고계시다 고 (마 10:30-)

하나님은 우주의 역사를 운영하실 때 알고 계획하심대로 운영하시는 하나님이시다.

③ 거룩하신 하나님–구별된다는 뜻

레11:45~ 나는 너희의 하나님이 되고 너희를 애굽 땅에서 인도하여 낸 여호와라 내가 거룩하니 너희도 거룩하라.

수24:19~ 너희가 여호와를 능히 섬기지 못할 것은 여호와는 거룩하신 하나님이시니라

세상의 모든 악과 분리되었다는 뜻으로 하나님에게는 선하심을 뜻하신다.

약4:4. 세상과 벗되는 것이 하나님과 원수되는 것

사1:6~ 너희 스스로 싯으며 깨끗하여 악행을 그치고 선행을 배우라

거룩하신 하나님께서 우리를 거룩하게 부르신다.

④ 공의로우신 하나님

하나님은 절대 공의로우신 하나님이시다.

시32:1~ 하나님이 세상을 섭리하실 때 하나님의 공의대로 다스리신다

신32:4 하나님은 공의로우시고 정직하시다

신7:9~ 그러즉 너는 알라 오직 네 하나님 여호와는 하나님이시요 신실하신 하나님이시라.

시11:7 여호와는 의로우시다

요17:25 의로우신 아버지여!

의롭다는 뜻은 절대 완전하다는 뜻

하나님의 공의 때문에 세상죄를 사하시기 위해 독생자 예수를
세상에 보내시어 십자가에 죽어 세상죄를 대속하심이 공의에서다.

⑤ 사랑의 하나님, (요일4:8~16, 요24:10~11)
하나님은 사랑이시다. 사랑의 하나님이 먼저 우리를 사랑하셨
다. (요일4:8~6)
인간적인 사랑은 조건적인 사랑이다.
헬라어의 사랑이란 말에는

이성적 사랑	에로스 ($\xi\rho\omega\varsigma$)
친구와의 사랑	휠레아 ($\varphi\iota\lambda\iota\alpha$)
혈육적인 사랑	스톨게 ($\sigma\tau\rho\omega\gamma\eta$)
지혜 · 학문의 사랑	소피아 ($\sigma\omega\varphi\iota\alpha$)
하나님의 사랑	아가페 ($\dot\alpha\gamma\dot\alpha\pi\eta$)가 있다.

하나님의 사랑은 인간의 조건적인 사랑에 비해 무조건적인 절
대적인 사랑이다. (요3:16, 롬5:8-)
그래서 기독교를 사랑의 종교라고 한다.
엡1:3~5 하나님이 구원하신 것은 사랑의 선물이요.
신7:7~8 하나님이 이스라엘을 선택하신 것도 사랑에서다.

⑥ 전능하신 하나님
창17:1~ 하나님이 아브라함에게 이르시되 나는 전능한 하나
님이라
하나님의 전능하신 권능으로 아무것도 없는데서 우주만물을
창조하신다 (창1:1~)

146

만물과 우리 인간을 창조하신 전능하신 하나님 우리의 영의 아버지시요. (히12:19) 모든 영의 아버지라고 (창1:27~)

민16:22 우리를 창조하신 생명의 아버지라고, 우주 만물을 완벽하게 창조하신 전능하신 하나님, 따라서 우주의 만유를 통치하시고 섭리하시는 하나님

하나님의 통치, 나라마다 서고 망함을 섭리하신다. (렘1:10-)

섭리 : 전도자들의 발걸음을 섭리하시는 하나님 (렘31:28-)

머리털까지 세시고 참새 한마리의 생명도 섭리하시는 하나님 (마10:29-30)

⑦ 복의 근원이신 하나님

하나님은 아담과 하와로 가정을 지으시고 그들에게 복을 주시며 생육하고 번성하여 땅에 충만하고 동산의 모든 것을 정직히 다스리라고 복을주셨다. (창1:28~)

하나님은 아브라함에게 복을 주셨다. 복의 근원이 되어 만백성에게 복을 나누어주게 명하셨다. (창12:1~9)

가나안 땅 약속의 땅을 복주신 땅이다.

하나님이 주시는 복이라야 참 복이다.

세상 사람들은 얻었다 하면 복인줄 아는데 하나님께로 온 것이라야 복된 것, 하나님이 주신것이라야 복된 것이다.

약1:17~ 모든 선한 선물은 빛들의 아버지께로부터 위로부터 오는것

딤전6:15 하나님은 복되시고 홀로 한 분이신 하나님

딤전1:11~ 이 교훈은 내게 맡기신바 복되신 하나님 복받는길은 신28:1~68에 제시하여

그 말씀에 따라 살면 복이되고
그 말씀을 어기고 불순종하면 저주가 되게 했다.
성도들은 내가 받은 복을 나누어 주게 했다.
행 20:35 주의 말씀에 주는 자가 복이 있다고
눅 6:38 나누어 주는 자에게 흔들어서 채워서 갚아주실 것을
약속함
호 13:11~ 분노로 주신 왕을 진노로 폐하셨다 고

⑧ 진실하신 하나님
진실하시다 함은 거짓이 없다는 뜻
전능하신 하나님에게 한 가지 하실 수 없는 일은 거짓을 할 수
없는 하나님의 진실성이다. (히 6:18~)
진실에는 허위나 꾸밈이나 외식이 없다는 것
신 32:4~ 하나님은 진실무망하신 하나님이시다
시 117:2 우리를 향하신 하나님은 인자하심이 크고 진실하시
어 영원하시도다
민 32:19 하나님은 사람처럼 식언치 아니하시나니

3. 삼위일체의 하나님

하나님의 위에는 성부 성자 성령의 3위가 한 하나님이라고 했다.
사람의 이성으로서는 3위가 1이라는 것을 이해 할 수가 없다.
삼위일체의 하나님을 있는 그대로 받아드려 믿는 것밖에 도리
가 없다. 이성으로 이해할 수가 없기 때문이다.
마치 개미가 인간을 보고 이해할 수 없음같이 피조물된 인간

이 창조주되신 무궁무한하신 하나님의 위를 이해할 수 없다. 있는 그대로 받아 믿고 고백할 뿐이다.

성경에서 3위에 대해 표현된 글귀가 여러 곳이 있다.

창1:26 하나님이 가라사대 우리가 우리의 형상을 따라 사람을 짓자.

우리의 형상이라고 복수용어를 쓰고 있다.

창1: 창조의 과정에서

하나님이 말씀으로 명하시어 있으라 하시고 하나님의 신이 수면에 운행하셨다고 했다.

요1:1~ 그 말씀이 곧 성자 예수그리스도이심을 말씀이 육신이 되어 성육신하여 오심을

마3:16~17 예수님이 세례요한에게 세례받고 물에서 올라올 때 "이는 내 사랑하는 아들이요. 내가 기뻐하는 자"라고 했고 그의 머리위에는 비들기 같은 성령이 임하셨다고 했다.

마28:20 너희가 모든 족속에게로 가서 성부와 성자와 성령의 이름으로 세례를 주어 제자 삼으라고 명하셨다.

갈1:1~ 죽은자 가운데서 그리스도를 살리시는 하나님

엡2:4~7 우리를 죽은자 가운데서 그리스도와 함께 살리셨다.

요10:70 예수님은 아버지와 나는 하나이다 고

요14:16 내가 아버지께 구하겠으니 그가 또 다른 보혜사를 너희에게 주사 영원토록 너희와 함께 있게 하시리니

성부 하나님은 창세 전에 구원의 계획을 예정하시고 계획하여 구원할 자를 예정하고 선택하시고 (엡2:4~8)

성자 예수님은 성부 하나님이 계획하신 구원의 사역을 이루기 위하여 친히 사람의 몸을 입고 인간의 세상에 오시어

세상 죄를 대신 짊어지시고 십자가에 대속의 희생으로 죽으시어 죄를 대속하시고 무덤에서 다시 살아나시어 부활의 몸으로 제자들에게 보이시고 승천하시어 하나님 보좌 우편에서 오늘도 우리 위해 기도하시는 분 (롬8:34-)

성령하니님은
주님의 약속으로 보내시어, 우리들 각 사람들 안에 양자의 영으로 오시어 (롬8:15~16)
하나님을 영의 아버지라 부르게 하시고
우리가 하나님의 자녀된 것을 인쳐주셨다.
고전12:3~ 성령으로가 아니면 그리스도를 주라고 고백할 수 없게 하셨다 고
성령으로 구주를 믿게 하시고
요14:26~ 성령이 우리 맘에 오시어 예수님이 가르치신 복음을 이해하고 믿고 확신하게 하여 믿음으로 구원을 이루게 하신다.

제 Ⅵ 장
꼭 전할 선물

제Ⅵ장 꼭 전할 선물

1. 하나님의 은혜 (고전15:15-)

사도 바울이 전에 믿기 전에는 알지 못하여 (딤전1:13)

교회를 핍박하고 믿는 자를 잡아 옥에 넘겨주며 포행자로 살던 자기를 다메섹 도상에서 부활의 주님이 나타나 회개케 하시고 사도로 택하여 세워 주시고 이방인의 사도로 써 주신 은혜다.

사도들보다 더 많이 수고하고 고생하고 환난도 당한 것들이 모두가 하나님의 은혜요. (고전11:2~33)

이제 주님께서 상 주심을 바라보니 이 모두가 다 하나님의 은혜라고 고백한 말이다 (딤후4:7~9)

은혜란 말은 하나님께 값없이 받는 선물을 은혜라고 했다.

약1:17 각양 좋은 은사와 선물은 위로 하나님께로부터 주어지는 것이라고 했다.

우리가 세상에 맨 주먹으로 태어나서 먹고 마시고 입고 살아온 것에 하나님의 은혜 아닌 것이 없다.

단지 은혜를 은혜로 깨닫는 사람과 그 은혜를 은혜로 깨닫지 못하는 사람이 있을 뿐이다.

하나님이 창조하신 동산에서 햇빛을 주시고 맑은 공기와 비바람으로 우로를 주시는 자연의 모든 일반 은총과

우리에게 생명을 주시고 만민 중에서 선택하시어 죄와 허물로 죽었던 우리를 그리스도와 함께 살리시고 죄인을 위하여 하늘의 독생 성자를 세상에 보내시고, 세상의 죄인들의 죄를 대신하여 십자가에 죽어 죄를 대속해 주시어 믿는 자들에게 하나님의 자녀의 권세를 주시는 특별 은총이다. (요 1:12)

하나님의 나라의 시민권자로 하늘의 소망을 갖고 살아가게 하신 이 은혜가 보통은혜가 아니다.

내가 오늘 이 자리에서 회상해 볼 때, 바울의 고백이 나의 고백이 되어 나의 나된 것은 하나님 은혜로다.

아버지가 순교당하던 공산당 치하에서 믿음을 지켜 살수 있으리라고는 생각할 수 없었다.

그런데 하나님께서 바로의 마음을 강팍케하시어 이스라엘 백성들을 애굽 땅에서 구원해 내시어 홍해 바다를 육지같이 건너게 하시고 매마른 광야길에 반석에서 물을 내시고 만나로 배부르게 메추라기로 고기를 먹게 하시고 낮에는 구름기둥과 밤에는 불기둥으로 지키시며 인도하시어 가나안 복된 땅에 이르게하신 하나님의 은혜를 생각케 한다.

6·25동란을 통해서 UN군을 보내어 주시고 정주까지 입성했다가 작전상 후퇴라고 해서 후퇴할 때 뒤따라 피난 길에 서게 하시고 목적지도 없이 갈바를 모르는 길로, 도보천리 서울까지 제주도까지 오게된 길은 나의 생각이나 나의 계획에는 꿈에도 없었던 길이였다. 회상하건데 하나님의 은혜의 길이다.

피난 길에서 청천강을 물로건넜고

대동강을 물로 건너고 임진강을 얼음판 위로 건너면서 비행기의 폭격으로 앞뒤에서 수 많은 사람들이 쓰러지고 죽는 반복되는 죽음의 골짜기에서 "하나님 이렇게 죽을 수는 없습니다" 외마디 기도를 외우면서, 그 환경에서 살려주신 은혜다. 오늘의 삶은 덤으로 사는 것으로 여긴다.

53년도 국군에 징집되어 훈련받고 배속될 때에는 휴전 협정이 진행되던 때, 남북은 한 치의 땅이라도 더 유리하게 차지하려고 백마고지의 격전으로 수많은 장병들이 희생되던 그 때 살아남을 수 있는 보장은 아무에게도 없었다. 그 때에 후방 근무지로 육군대학 보급과에 배속 받아 4년 반 동안을 한 직책에서 부대의 표창을 받아가며 대우받는 군생활을 마치게 하심도 하나님 은혜다.

하나님은 나의 목회의 길에 도우신 은혜, 선우황 권사님 가정을 통하여 교회를 지어 섬기면서 돕게하신 그 은혜나,

나는 미국에 오리라고는 꿈에도 생각에도 없었다.

잠16:9~ 에서 사람이 마음으로 그 생각을 계획할지라도 그 걸음을 인도하시는 이는 하나님이시다고 했다.

그러나 나에게는 마음으로 생각한 일도 꿈으로도 계획해 본적이 없는 이민생활이다.

동생 지숙이가 연대 간호학과를 졸업하고 세브란스병원에서 수간호사로 일하다가 70년대초에 간호사들의 취업 이민으로 1차로 선발이 되어 NY으로 취업하게 된것이 발단이 되었다.

그래서 우리 4남매와 온 가족들이 형제 초청으로 꿈에도 없었

던 이민생활을 하게 된 것이다.

나의 경우 형제 초청으로 이민신청을 하고 있을 때 동생이 섬기던 오하이오주의 Akron 한인교회의 강단이 비게되어 교회에서 초청장을 보내어 주어 목회자 취업이민으로 전환하여 형제초청자들보다 빨리 미국에 올 수 있었다.

그렇게해서 이민목회가 시작됐고 Rockford로 옮기어 10년 동안 목회를 대과없이 마치면서 Blackhawk 노회로부터 "영예의 은퇴서"(Honorable Ritierment)를 받고 은퇴하여 오늘에는 사회보장 은퇴연금과 미국장로교단에서 주는 은퇴연금과 교단에서 보태주는 생계보조금 (Suprement)으로 그달그달 자족한 질높은 삶을 살아가는 것이 다 하나님의 은혜이다.

이런 것들은 외모로 눈에 보이게 나타난 은혜들이다. 내면으로 주는 가정의 평강과 형제간의 화목과 자녀들의 은혜안에 성장된 은혜들,

나는 목회하는 환경에서 이민 생활에 어려움도 있어 아버지 구실을 제대로 못했다.

아이들이 대학 공부할 때에 아버지가 학비등록금은 커녕 용돈 한푼 준 일이 없다. 단지 아이들과 먹고 지내는 일이 전부였다.

남들 같으면 아버지가 은행에서 빚을 내여 학비에 보태어 준다고 하였으나, 나의 형편은 은행의 어떤 대출을 받을만한 능력도 없었다.

자기들이 학교에서 빚내어 공부하고 취직하고 빚을 갚으며 살아온다.

막내 원덕이가 대학을 공부하고 이어서 신학을 계속 공부했기에 빚을 갚을 여유가 없이 아직까지 빚을지고 있는 것이 나의 책

임으로 느끼어 마음이 아프다.

사 남매 자녀들이 다 시집가고 장가들고 가정들을 다 이루었다. 남들은 시집가고 장가들 때에 결혼 비용으로 거액을 주며, 쓰기도 하나, 나의 경우 결혼 때마다 한푼도 도와준 것이 없어 미안한 생각이다.

원성이의 경우는 신부가 옷 한 벌을 요구하는 신부측 가정의 요구도 못들어주고 서울 소망교회에서 곽선희 목사님의 주례로 결혼식을 치르면서 그때에 받은 축의금도 제주도의 신혼여행비만 주고 나머지는 내가 서울에 다녀온 여비로 쓰고 말았다.

이런 것들이 오늘에 마음에 걸린다.

그러나 자녀들 가정들이 다 제자리 잡고 잘 지내는 것만으로도 하나님이 도와주신 은혜로 알고 감사할 뿐이다.

• 내가 받은 선물들

나는 목회하면서 여러 교우들로부터 수많은 사랑의 선물들을 받으며 목회했다. 모두에게 고맙고 감사하게 여긴다.

세상의 많은 사람들은 Xmas의 계절이 되면 너도 나도 크고 작은 선물들을 준비하여 주기도 하고 받기도 하며 Xmas를 즐기며 기념하고 지낸다.

Xmas란 하나님이 우리 세상 인류에게 자신의 외 아들을 선물로 보내주신 날이다.

하나님이 인류 세상에게 주신 가장 큰 선물이다. 하나님이 그 큰 사랑을 확증하신 선물이다.

오 헨리의 단편소설 "Xmas선물"이란 글에 젊은 두 부부가 가

난한 중에 서로 사랑하며 살면서 Xmas의 절기가 되어도 선물을 마련할 여유가 없어서 고민하다가

선물이란 받는 사람이 오랫동안 유용하게 사용할 가치있는 것으로 알았기에,

아내는 남편의 회중시계의 줄이 없는것을 생각하고 자기의 소중히 여기는 긴 머리카락을 잘라서 팔아 회중시계의 줄을 선물로 마련했다. 한편 남편은 아내의 긴 머리카락에 매는 댕기가 없는 것을 애석하게 생각하여 자기의 소중히 여기는 회중시계를 팔아서 아름답고 이쁜 댕기를 선물로 마련하여 흐믓하게 생각했다.

Xmas가 되어 서로가 준비한 선물을 주고받고 교환했다.

아내에게는 그 이쁜댕기를 맬 머리카락이 없었다. 남편은 그 시계줄에 맬 회중시계가 없어졌다. 그러나 그들은 그 선물에 담겨져 있는 사랑의 정성을 느끼며 감격하여 하염없이 눈물을 흘리는 내용이다.

나에게도 감격케하는 선물들이 많이 있다.

나는 구의교회에서 목회하면서 매일 아침 정구를 쳤다. 교회에서 가까운 맞은편 장로회 신학교 마당에 정구장이 있어, 매일 아침 새벽 기도회가 끝나고 아침 7시 30분부터 한시간씩 운동했다.

신학교, 이종성 학장과 박창환 교수, 서정운 교수, 광장교회 장동훈 목사, 광성교회 김창인 목사, 답십리교회 이춘방 목사님과 같이 했다.

나는 아침마다 Bus로 15분길을 왕복했다. Bus의 거리는 두 정류장의 거리로, 정류장까지와 Bus에서 내려서 학교까지의 거

158

리가 15분거리이다.

고마운 것은 구의교회 당회원들이 생각하시어 힘을 모아 자전거를 한대 사주시었다. 자전거로 약 10분이면 되었다. 시간과 경제적으로도 도움이 되었지만 그 보다 더 당회원들이 생각하시어 배려해주신 그 사랑과 정성에 감격하여 항상 잊지 못하고 감사한다.

또 83년도에는 김광평, 홍석경 집사님 가정에서 현대 승용차 한대를 선물해 주셨다. 그 가정에서 자기 어머님의 장례식을 집례해준데 대한 선물이란다. 대단한 선물이다.

이로 인해 당회에서 운전교습 받을 시간을 허락 받았고 운전면허의 교습받은 것이 다음 해에 이민와서 크게 도움이 되어 운전에 도움이 됐다. 항상 잊지 못하고 감사하며 지낸다.

나는 Raekford 한인교회에서 목회할 때 우리 많은 식구들이 APT에서 사는것을 안스럽게 생각하신 서상길(김광순, 서울강남교회 김재술 목사님의 따님) 장로님 가정에서 사택 헌금으로 일금 $10,000^{00}$ (만불)을 헌금하시어 만불로, dawn pay (보증금) 하고 대지 I Acre 건평 1,850sq 방4개 화장실 3개의 2층집 (대지 1,200평, 건평 약50평)을 9만불에 사서 사택으로 사용하다가, 은퇴하고 11만불에 팔아서 원금 만불은 교회에 갚고 남은 돈으로 San Jose로 이사하는 비용으로 사용했다.

그 고마움을 잊지 못해 항상 감사한다.

또 한번은 임공번 장로님 가정에서 나의 성지순례기금으로 $2,000^{00}$을 헌금하시어 이 돈이 씨돈이되어, 몇몇 교인들이 힘을모아 우리 내외가 성지순례할 수 있게 됨을 감사히 생각하며 잊지 못한다.

그후 97년도에 은퇴하여 98년도 2월에 S · J로 이사했다.

San Jose에 와서 직장생활하는 작은 아들 원진이가 우리에게 Chicago 지역 추운데서 지내지 말고 이곳 San Jose에 와서 같이 지내자고 불러주었다.

San Jose는 겨울에 춥지도 아니하고 여름에 덥지도 아니하여 노인들 지내기는 좋은 곳이라고 하여 우리가 올것을 예비하여 크고 넓은집을 마련했다. 대지 quarte Acre(약250평) 건물 건평 2,250sq (약60여평)의 방4개 화장실 3개의 2층집을 마련하여 5년 동안 같이 살았고 이제는 노인 APT로 옮겨 왔다.

때에 큰아들 원성이, 딸 원신이, 작은 아들 원진이 셋이서 (원덕이는 S.F.신학교 공부중이기에) 합하여 Toyota산 Avalon 98년도형 새차로 3만불 이상되는 차를 현찰로 사주어서 고맙게 받아 탔다.

지금까지 이민교회 목회하면서 새차를 타보지 못했다. 그러다가 2006. 11. 18일 토요일 새벽기도회에 가다가 집사람이 운전하여 Centural Hway에서 내려 Lowrence로 들어가는 커브길에서 차 사고가 났다. 길가의 소화정을 들이받고 또 가로등을 들어 받으면서 차는 그 자리에서 폐차처분을 받았다. 운전면허는 취소 됐다.

그 때는 대성교회 임시당회장으로 있을 때인데 토요일 새벽기도회에 가다가 사고가 났다. 그 다음 날이 바로 그 해의 추수감사절이였다. 그러면서도 감사할 일은 우리 둘은 몸에 아무 이상이 없었다. 이날 새벽 예배에는 설교를 못했지만 다음날 추수감사절 주일 설교에는 지장이 없었다.

이어서 그 해 12월에 다시 세 자녀들이 힘을 합하여 Toyota산 Camply 2007년도 신형으로 새차를 현찰 3만불이 넘는 것으로 사주어서 고맙게 선물로 받고 지금까지 잘 타고 다닌다.

2. 선택의 은혜

성경에서 노아에게 은혜란 용어가 처음 사용된다. (창6:8~)

노아의 당시 세상의 모든 사람의 행위와 생각이 죄악으로 관영하여 하나님께서 사람지으심을 한탄하여 모두 세상에서 쓸어버리기로 작정하실 때 (창6:1~9)

하나님이 노아를 생각하여 노아에게 은혜를 입히셨다고 한다. (창6:8~)

노아에게 의가 있어서도 아니요, 노아에게 어떤 자격이나 공로가 있어서도 아니다. 단지 하나님의 은혜요, 하나님의 선물로 다 같은 죄인된 세상에서 선택함을 받는 은혜의 선물이다.

이것이 하나님의 선물이다. 이 선택의 선물이 무엇보다 큰 선물이다. 그래서 세상 사람들이 다 물로 심판받아 멸망하는 때에 노아의 8식구만 홍수 심판에서 구원을 얻는다. 형벌의 멸망에서 구원 얻었다. 은혜를 받을 수 없는 같은 죄인이 하나님의 특별한 은혜를 받은 것이다. 하나님편의 사랑이요, 하나님의 은혜다.

눅1:27~30 하나님의 천사 가브리엘이 마리아에게 나타나서, "은혜를 입은자여 평안할지어다 네가 하나님의 은혜를 입었느니라. 보라 수태하여 이들을 낳으리니…"

마리아가 세상의 많은 여자 중에 하나님의 은혜를 입은 여자로 선택되어, 예수를 낳은 어머니가 됐다.

창3:15에서 예언된 여인의 후손이란 예언의 말씀이 마리아에서 응답되는 은혜다.

롬9:6~13 아브라함의 자손 중에 이삭만이 하나님의 선택함을 받은 약속의 자식이다.

이삭보다 이스마엘이 먼저 태어난 아브라함의 아들이요. 이삭의 형이다. 이삭의 뒤에 아브라함의 후처 그두라를 통하여 5형제나 두었다. 그 중에 이삭만이 하나님의 선택을 입어 약속의 아들이라고 구별했다. 이삭과 이스마엘은 어머니가 다르다고는 하나,

야곱과 에서는 한 뱃속에서 나기도 전에, 야곱이 선택을 받고 에서는 미움을 받는다.

어떤 행위나 공로나 조건에 의해서가 아니다. 단지 하나님의 주권에 의하여 하나님이 택하시고 버리시고 사랑하시고 미워하시는 것이다.

말1:2~3 여호와께서 가라사대 내가 너희를 사랑하였노라 하나 너희는 이르기를 주께서 어떻게 우리를 사랑하였나이까 하는도다. 나 여호와가 말하노라, 에서는 야곱의 형이 아니냐, 그러나 나는 야곱을 사랑하고 에서는 미워하였으며…

롬8:27~ 그 뜻대로 부르심을 입은 자들에게는 모든 일이 합동하여 선을 이룬다고 했다.

엡1:5 하나님의 선택은 창세 전 만세 전에 하나님 편에서 선택된 것으로 사람의 어떤 행위나 자격이나 공로에 의한 것이 아닌 전적으로 하나님이 주시는 사랑의 선물이다.

만일 시장이 선택했다거나 대통령이 선택했다해도 대단한 영

예로 알 것이나 만군의 하나님의 선택을 받았다는 것이 망극한
은혜다.

이 은혜를 깨닫고 그 은혜에 감사로 보답하고 사는것이 사람
이다. 이를 깨닫지 못하면 짐승만도 못해진다. 하나님의 은혜 부
모의 은혜를 깨닫는 자들이 되어야 한다.

오늘 우리 가정을 선택해 주심에 감사한다.

만인 가운데서 선택해 주신 은혜, 나로 하여금 대를 이어 목사
의 가정에서 목사가 되게 하시고 또 내 아들이 목사로 선택받아
목사의 가정에 대를 이을 수 있게 하심이 하나님의 영광이다.

3. 꼭 전하고 갈 선물

이스라엘 백성이 부모가 자녀에게 꼭 전해야 할 명제로 쉐마
교육을 신6:4~9 명제로 삼는다.

이 교육은 이스라엘의 부모가 꼭 책임지고 전해야 한다.

해도 되고 안해도 되는 과제가 아니다. 반듯이 필수적으로 의
무적으로 해야 하는 것이지 선택적이 못된다.

이스라엘 백성들은 자녀들에게 하나님 섬김을 유전으로 전하
여 잘 섬기게 가르친다.

하나님만 잘 섬기게 한다. 자기 민족을 애굽 땅에서 구원해 내
신 구원의 하나님으로 잊지 않고 섬기게 한다.

하나님을 섬김에 마음을 다하고 성품을 다하고 목숨을 다하여
사랑하게하고, 하나님만 신앙의 대상자로, 섬김의 대상자로, 사
랑의 대상자로 정하고 경배의 대상자로 삼게한다.

보이지 않는 하나님을 사랑하는 구체적인 삶이 이웃에 보이는 형제를 사랑하고 섬기게 한다.

신앙의 삶은 하나님과의 관계다. 하나님과의 관계가 바로 되고서야 이웃과의 관계가 바로된다. 그러므로 바로하는 것과 잘하는 것이 우선되어야 한다. 우선순위가 바뀌면 결과가 잘 못된다. 우리에게 우선을 택할 수 있는 자유를 주셨다. 그러나 결과에 대한 책임은 내가 져야한다.

가령 절벽에서 뛰어 내릴 자유는 내게 있다. 뛰어도 안뛰어 내릴 자유와 선택의 결정은 내목이다. 그러나 절벽에서 뛰어내려 다리가 부러진 책임은 내가 져야한다.

아버지로서 가기 전에 전해야 할 책임이 내게 있기 때문이다.

• 바로하는 것과 잘하는 것

세상의 모든 일에 우선적인 것이 있고 나중 해야될 일이 있다. 예수님께서도 너희는 먼저 그 나라와 그 의를 구하라. 그리하면 이 모든것을 너희에게 더하여 주시리라고 했다. (마6:30-)

먼저해야 할 일이 바로 하는 일이고, 바로 하는 일이 기본적이요 기초요 본질적인 일이다.

기초가 잘 되고 근본이 잘되고, 제대로된 데에서 그 방법을 잘할 때 결과와 성과가 난다.

사도바울의 고백에서

유대교에 열심이 있어 열심당 바리새인의 바리새인으로 하나님께 충성한다고 교회를 핍막하고 믿는 사람들을 잡아다 옥에 넘겨주고 박해하다가 다메섹 도상에서 부활의 주를 만나서 회개한 뒤에는, 믿고나서 후회하면서, 내가 믿지 아니할 때는 알지 못하여 잘못했다고 고백한다. (딤전1:13~)

내가 전에는 핍박자요 포행자요 훼방자이었으나 긍휼을 입은 것은 믿지 아니할 때에는 알지 못하여 행하였다고 고백한다.

알지 못하고 행한 일은 - 과거에 몰라서 실수하여 잘못 행한 일이다고 했다.

그러나 과거의 잘못한 실수를 책함이 없이 오늘 충성되게 여겨주셔서 사도의 직분을 받게 된 것이 모든 사람이 받을만한 일이라고 본을 보이며 자기는 죄인의 괴수라고 했다. (딤전1:15-)

그리스도께서 죄인을 구속하시려고 세상에 임하신 분이기에 자기 자신이 사죄함 받고 여김을 받아서 사도가 되고 영생을 누리게된 것이 모든 사람의 본이 되었다고 증언하는 바다.

요6:28- 하나님의 일을 하는 것은

하나님이 보내신 자 예수그리스도를 받아드려 믿는자가 되는 것이라고 했다.

바로하는 기본이, 근본이, 기초가 잘못되면 아무리 열심히 잘한다해도 그 결과는 헛된 일이된다.

마치 마라톤 선수가 기본적인 목표를 잘못 잡고 열심히 죽을 힘을 다하여 달렸다고 해도 골인점에 도달하지 못한다면 그 수고는 아무리 수고 했어도 헛수고다.

그래서 아는 것을 바로 알아서 믿는 것을 바로 믿어서 잘못됨이 없이 실수함 없이 성사해야 된다.

바로 하는 일은 말씀따라 하는 일이요. 잘 하는 것은 열성을 다하여 충성하는 것이다.

• 실수의 처리

세상에 사는 사람이 실수 없이 완벽하게 살아가는 사람은 한 사람도 없다. 실수를 원하지 않으나 실수하게 된다.

실수한 사람에게는 실수를 처리하는 문제가 더 중요하다. 실수를 처리하는데 또 실수하여 처리하는데 문제가 있다.

성경에 나타나는 인물들 중에는 실수를 잘못 처리한 사람도 있고 실수를 통해서 바로 처리하는 사람도 있다.

믿음의 조상 아브라함도 자기 아내를 누이라고 하는 실수를 거듭 범하였고 (창20:1~20)

모세도 실수하여 살인자가 되었고, (출2:14-)

이스라엘을 지도하면서도 거듭 실수하여 그 목적지 가나안에 들어가지 못했다. (신34:4-7) (민20:8-10)

이스라엘의 성군 다윗이 실수하여 우리아의 아내를 범했을 때 나단 선지의 충고를 받고 곧 내가 하나님께 죄을 범했습니다고 회개한다. (삼하12:13-)

핑계를 찾으려면 여자가 나체로 목욕했기에 너 때문이다고 죄를 전가할 수도 있었을 것이다.

또 다윗 왕이 예루살렘에 도읍을 정하고 여호와의 법궤를 옮겨오다가 법궤가 흔들려 웃사가 죽는일로 법궤 옮겨오는 일을 중단하게 된다.

그 뒤 법궤는 수레에 싣는 것이 아니고 소에다 끌고오는 것이 아님을 알고 레위인으로 메어 옮겨 성공한다.

핑계를 댄다면 소가 타작마당 때문에 뛰었다고 그 책임을 소에게 전가할 수 있었으나 그 실수의 과오를 자기에게서 찾고 실수를 고쳤다.

노아의 경우 홍수 후에 농사 지은 포도원의 포도로 포도주를

만들어 마시고 취하여 벌거벗은 실수를 저질렀다. (창6:8~22)

노아는 하나님 앞에 은혜 받아 방주를 지어 홍수에서 구원을 받은 사람이다. 그런데 술에 취해 벌거벗은 실수를 범했다. 아들 가나안이 보고 형제들에게 알렸다는 책임을 물어 가나안에게 저주한다.

형제의 종이 되리라고 저주했다.

셈과 야벳은 홋이불을 취하여 뒷거름질하여 수치를 덮었다고 해서 복을 빈다.

여기에서 노아의 실수의 처리는 실수했다.

가룻 유다처럼 실수를 깨닫고 스스로 목숨을 끊는 처리는 실수로 끝났다. (행1:16-18)

실수하기는 베드로도 주를 모른다고 3번씩이나 부인하고 주를 저주하며 부인했다고 했다. (마26:69-75)

그러나 실수를 회개하며 처리할 때 성 베드로가 된 것이다.

이웃의 잘못과 실수를 사랑으로 덮어주어야 바로 처리하는 결과가 된다. (벧전4:8-)

사랑은 허다한 죄를 덮는다고 했고 (잠10:12-)
사랑할 때 온 율법을 다 이룬다고 했다 (마6:12-)

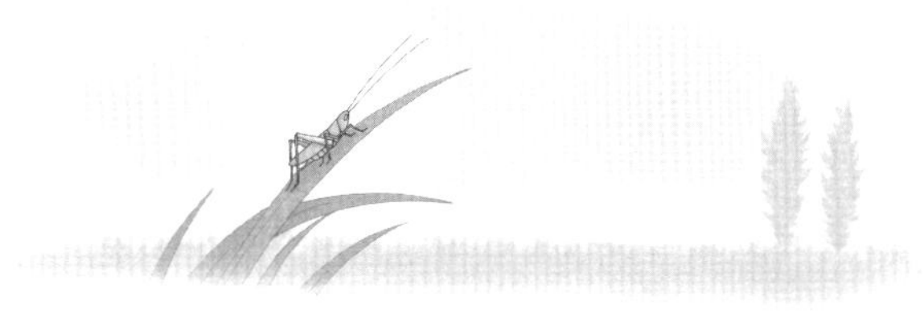

4. 전하고 갈 선물

선물이란 값 없이 선사하는 물품을 선물이라고 한다.

이미 하나님이 나에게 주신 선물에 대하여는 나의 은혜에서 다 열거했다.

이 세상에 하나님의 선물이 아닌 것이 없다.

이스라엘 백성들이 출애굽 할 때 다급하게 출발하면서도 무교병은 메고 나왔고, 어떤 이들은 수레에 살림을 싣고 출발하고 그 동안 노역한 댓가로 금은 보화를 집어 주면서 하나님의 재앙이 두려워 등을 떠밀어 떠나보냈다고 했다. (출3:21-22)

나의 경우는 청천강에서 단벌 젖은 옷 신세에서 빈손으로 피난와서 먹고 마시고 입고 살게된 것들이 다 하나님의 은혜의 선물이며 이웃의 선물로 채워졌다.

아브라함은 만년에 이삭에게 (창25:5~6)

자기의 소유를 주었다고 했다.

서자들에게도 재물을 주어 자기 아들 이삭을 떠나게하여 동방국으로 보냈다고 했다.

이삭에게 준 소유는 곧 하나님이 아브라함에게 약속한 가나안 땅을 뜻한다.

아브라함이 이삭에게 준 유산은 믿음의 유산이다.

나에게는 이 믿음의 유산을 자녀들에게 전하고 싶은 심정으로 이 글을 쓴다.

이 유산의 복이 세상의 물질적인 재물의 복보다 훨씬 더 큰 복이다. 근본적인 선물이기 때문이다.

5. 나의 기도

성경에서는 기도가 무엇인지를 정의하여 가르치는 곳이 없다. 이스라엘 백성들이 이미 기도를 알고 기도생활을 해왔기 때문이리라.

창4:26- 셋이 아들을 낳고 에노스라 하고 그 때에 사람들이 비로서 여호와의 이름을 불렀더라고 했다.

에덴동산에서는 아담과 하와가 수시로 하나님과 만나서 대화했을 것이다. 그러다가 범죄후 인류가 에덴동산에서 좇겨났고, 하나님과의 대화는 끊어졌다.

그 후에 여호와의 이름을 부른 것이 기도의 삶이다.

창12:9 아브라함이 하나님의 부름을 받고 옮겨가면서 여호와의 이름을 불렀다고 했다.

우리는 죄인이기에 하나님 앞에 직접 나아갈 수가 없어서

하나님과 인간 사이의 중보자가 되시는 예수님의 이름으로 (요14:13~) 기도하게 했다.

1) 기도의 정의

예수님의 이름으로 하나님 아버지와 대화하는 것이 기도다. (요4:13~)

부자간의 대화는 언제나 해야하는 것이기에 영적 호흡과 같다고도 한다.

기도는 주님의 명하신 명령이다.

렘33:3- "너는 내게 부르짖으라 내가 네게 응답하겠고 크고 비밀한 것으로 네게 보이리라"했고

주님이 우리에게 기도를 가르치면서 이렇게 기도하라고 기도

의 본을 주신 것이 "주님의 기도문"이다. (마 6:9~13)

주기도문에서
① 하늘에 계신 우리 아버지
② 이름이 거룩히 여김을 받으시오며 나라가 임하옵시며
③ 뜻이 하늘에서 이룬 것 같이 땅에서도 이루어지어다
④ 오늘 우리에게 일용할 양식을 주시고
⑤ 우리가 죄를 용서해준 것같이 우리 죄도 용서해 주시고
⑥ 시험에 들게 마시고
⑦ 나라와 권세와 영광이 영원히

■ 개정전
하늘에 계신 우리 아버지여,
이름이 거룩히 여김을 받으시오며,
나라이 임하옵시며,
뜻이 하늘에서 이룬 것 같이 땅에서도 이루어지이다.
오늘날 우리에게 일용할 양식을 주옵시고,
우리가 우리에게 죄 지은 자를 사하여 준 것같이
우리 죄를 사하여 주옵시고,
우리를 시험에 들게 하지 마옵시고,
다만 악에서 구하옵소서,
대개 나라와 권세와 영광이 아버지께 영원히 있사옵나이다.
아멘

■ 개정후
하늘에 계신 우리 아버지,

아버지의[1] 이름을 거룩하게 하시며[2]

아버지의 나라가 오게 하시며,

아버지의 뜻이 하늘에서와 같이 땅에서도 이루어지게 하소서.

오늘 우리에게 일용할 양식을 주시고,

우리가 우리에게 잘못한 사람을 용서하여 준 것같이

우리 죄를 용서하여 주시고,

우리를 시험에 빠지지 않게 하시고

악에서 구하소서.

나라와 권능과 영광이 영원히 아버지의 것입니다. 아멘.

＊참고로

마6:9-13, 그러므로 여러분은 이렇게 기도 하십시오.

"하늘에 계시는 우리 아버지!

아버지의 이름이 거룩히 여김을 받으소서,

아버지의 왕국이 임하소서.

아버지의 뜻이 하늘에서 이루어지는 것처럼

땅에서도 이루어지소서

우리 생존에 필요한 양식을 오늘 우리에게 주옵소서.

그리고 우리가 우리에게 죄 지은 자들을

용서해 준 것처럼

우리의 죄를 용서해 주옵소서.

그리고 우리를 유혹에 빠지지 않게 하시고

그 악한 자에게서 우리를 건져 주옵소서."

---

1) 원문은 '당신의' 라는 뜻이다.
2) 아버지께서 우리를 통하여 당신의 이름을 거룩하게 하소서 라는
   의미가 함축되어 있다.

구하라 찾으라 문을 두드리라고 하시어 기도하게 명하신다.
(마 7:7~11,)
우리의 힘이 부족할 때 우리의 필요를 하나님께 간구함이 기도다.

방지일 목사님에 의하면 기도는 죄를 찾는 현미경이라고 했
다. 죄를 찾아서 죄를 회개하고 고하는 것이 기도다.
세리의 기도에서 (눅 18:9~14)
"하나님 나는 죄인입니다"고 기도하여 응답을 받고 돌아갔다
고 했다.
기도는 하나님 아버지의 뜻을 찾는 길이다. (눅 22:40~46,
막 14:36~)
예수님이 십자가를 앞에 두고 할 수만 있으면 면할 수 있기를
기도하나 내 원대로 마시고 아버지의 뜻대로 되기를 기도하여
십자가에 죽으실 것을 결심하신다.

다윗이 사울 왕이 죽자 시글락에서 왕이된 후 하나님에게 물
어 가로되 내가 유대 땅으로 가리잇가, 어디로 가리잇가 하고 기
도하여 헤브론에 왔다. 헤브론에서 유대인들이 기름부어 왕이
된다. (삼하 2:1-4)

2) 기도는 응답해 주기로 약속된다. (요 14:13~14)
예수님은 너희가 내 이름으로 무엇이든지 구하면 다 이루어
주실 것을 약속하셨다. (요 14:13~14)
하나님은 우리의 부르짖는 기도를 들으시어 응답하시는 분이
시다.
창 4:10~ 아벨의 피가 호소함을 들었다 했고

히11:4~ 아벨이 죽었으나 그 믿음으로 말한다고 했고

출3:7 하나님은 이스라엘 백성의 부르짖는 호소를 들으셨다고 하셨다.

약5:1~6 부자들의 압제에 노동자들의 억울함을 저들의 호소함을 들으셨다고 했다.

하나님은 우리의 부르짖는 한숨 소리를 들으시어 응답하시는 하나님이시다. (마7:7~11)

찾는자에게 얻게 하시고

구하는 자에게 주시기로,

문을 두드리는 자에게 열어주실 것을 약속해 주셨다.

성경에서 기도하여 응답받은 예는 수도 없이 많다.

3) 응답받지 못하는 기도

아무리 정성껏 오래 구해도 얻지 못하는 기도가 있다.

죄를 갖고 기도하는 기도는 하나님에게는, 거룩하신 선하신 하나님이기에 죄를 갖고 구하는 기도는 외면하신다.

사1:15 너희 손에 피가 가득하다고,

요9:31 하나님은 죄인을 듣지 아니하시고,

사59:1~5, 시66:18~ , 마5:23~26에서

사람에게 보이려고 하는 외식적인 기도는 외면한다.

마6:5~ , 눅18:9~12, 바리새인의 기도,

믿지 않고 하는 기도는 외면 당한다.

약1:7~8 두 마음을 품은자 믿지 못하는 자의 기도

롬14:23 믿음으로 하지 않는 것이 죄라고

정욕으로 쓰려고 잘못 기도하면 외면 당한다.

약4:8~ 너희가 얻지 못함은 구하지 아니함이요.
구하여도 얻지 못함은 정욕으로 쓰려고 잘못 구함이다.
끝까지 인내하지 못하면 외면 당한다.
낙심치 말고 인내하여 이룸을 받으라고
약5:16 엘리야가, 우리와 성정이 같은 사람의 기도가 응답
됨이 단번에 된 것이 아니다.
왕상18:44에 의하면 7번씩이나 기도하여 응답됐다.
나아만 장군의 문둥병이 요단강에서 7번 목욕하게 했다.
단번에 고칠 수도 있을텐데 인내를 보신 것이다. (왕하5:14~)
약5:17 욥의 인내를 배우라고 한다.
농부가 곡식을 얻는 것은 이른 비와 늦은 비를 기다리고 인내
하여 얻는다고 했다.

4) 기도의 종류

기도는 언제나 어디서나 할 수 있다. 어떤 규격을 갖추어야 되
는 것은 아니다. 은밀한 골방에서 하라고 했다. (마6:5~6,)

- 일반 기도에는　　① 개인기도 마7:7~11
　　　　　　　　　② 합심기도 행1:14~
　　　　　　　　　③ 공기도 고전11:23~
　　　　　　　　　④ 대표기도 출17:8~12

- 특수기도에는　　① 금식기도 단9:13~ , 요엘2:1~12
　　　　　　　　　② 철야기도 행12:5~12,
　　　　　　　　　③ 안수기도 행6:6~ , 행13:3~
　　　　　　　　　④ 축복기도 창47:10~

⑤ 중보기도 창18:22~23,
⑥ 방언기도 고전12:
⑦ 봉헌기도 등 다양하다 왕상8:3~5
⑧ 서원기도 삼상1:10~13,

간절하게 기도하면 기도의 권능으로 큰 역사를 이루게 된다.
(느1:1~11)
기도하지 않는것이 죄라고 했다. (살상12:19~25)
예수님이 제자들이 귀신을 좇아내지 못한 이유를 물었을 때 기도 외에는 이런 능력을 행할 길이 없다고 했다. (마9:29~)

5) 나의 기도

우리 두 늙은이가 아침마다 기도한다.

우리 사 남매가 주의 은혜 안에서 건강하고 믿음을 지켜서 세상에서 하나님이 주신 생업이 번성하고, 세상의 물질의 부요보다 신령한 복을 누리어 믿음을지켜, 구원의 완성으로 하늘 나라의 유업을 누리고 영복을 누려 살것을 위하여 기도한다.

세상에서 주어진 재물로, 청지기의 역할을 다하여 나누어 주며 신령한 제사에 참여하는 삶과 은서와 하나와 은희가 하나님의 양육을 받아 하나님의 사람으로 들어 쓰임받을 때 가문에 하나님의 영광이 넘치기를 위하여 기도한다.

날마다, 하나님의 주권과 섭리로 나날들의 되어지는 일과 형제들의 가정과 친족과 친지들을 위하여 기도하는 제목들을 위하여 기도의 삶을 살아간다. 우리는 원신이의 가정에 생육하고 번성하기를 위하여 기도한다. 그러나 아직 애기가 없다.

그러나 하나님은 이미 두 차례나 허락해 주셨다.

그런데 우리 인간들이 이래 저래 잘못하여 받는 일에 실수하여 2번씩 유산이 되었다.

언젠가는 주시리라고 믿고 기도한다.

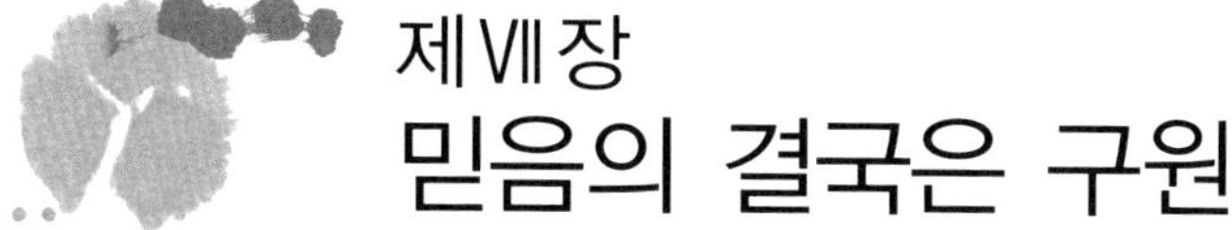

제Ⅷ장
믿음의 결국은 구원

제Ⅶ장 믿음의 결국은 구원

(벧전 1:9-)
"믿음의 결국 곧 영혼의 구원을 받음이라"

하나님이 인간을 구원하시는 일을 하나님의 섭리라고 한다. 하나님의 섭리는 창조하신 우주의 만물들을 일월성신들과 각 나라의 세우고 무너짐의 통치나 그 가운데 만물들을 관리하시고 주장하심 등을 하나님의 섭리라고 한다.

1. 하나님의 섭리로의 구원 – 예정

하나님이 창조하신 인간이 범죄하여 죽을 인간을 하나님이 그리스도와 함께 살리시어 믿음으로 구원을 얻어 영원히 하나님의 나라에서 하나님과 함께 살게 영생을 누리게 하심이 하나님의 구원의 섭리다.

하나님은 자기의 원하시는 뜻대로 보존하시고 보존하시는 것을 하나님의 섭리라고 한다.
엡 1:11~ 모든 일은 그 마음의 원대로 역사하시는 자의 뜻을 따라 우리가 예정을 입어…

하나님은 나를 만세 전에, 창세 전에 예정하시어서 사랑으로 선택하시었다고 한다.

롬8:29 하나님이 미리 아신 자를 아들의 형상을 본받기 위하여 미리 정하셨으니

벧전1:2~ 하나님 아버지의 미리 아심을 따라 성령의 거룩하게 하심으로 순종함과 그리스도 예수의 피뿌림을 받기 위하여 택하심을 입은 자들에게…

예정하신 이유는 – 거룩하고 흠이 없게 하시려고
예정하신 시기는 – 창세 전 만세 전에
예정하신 주체는 – 하나님의 기쁘신 뜻대로
예정하신 방법은 – 하나님의 사랑으로
예정하신 목적은 – 하나님을 찬미하게

2. 하나님이 선택하셨다

하나님이 미리 아신 자를 예정하시고 예정하신 자로 선택하셨다고 한다.

선택은 많은 것 중에서 하나를 뽑는 것을 선택이라고 한다.

선택은 한 시(市)의 시장의 선택이라도 영예요
한 나라의 대통령의 선택이라도 대단한 영예이나
우리는 만군의 하나님으로부터 선택받은 이 영광은 대단한 영광이다.

구약에서 창7:8에 노아가 당시 죄인들 중에서 하나님의 은혜를 입은 자라고하여 선택되어 방주를 지어 홍수에서 구원함을 얻었다.

창12:1~9 아브라함이 갈대아우르에서 부름을 받아 선택되어 가나안에 정착하여 그 땅을 선물로 받는다.

신7:5~8 이스라엘 백성이 하나님의 선민으로 선택된 것은 일방적으로 하나님의 주권이요. 하나님의 조건없는 사랑에서다.

이스라엘에게 수효가 많거나 받을 만한 조건이 있거나, 어떤 공로의 댓가가 있어서도 아니다 조건없는 하나님의 사랑의 은혜요 선물이다.

신약에서는

마4:19 예수님이 갈릴리 바닷가에서

시몬 베드로와 야고보와 요한과 안드레를 선택하여 제자 삼고 계속하여 12 제자를 택하여 세우시고 오늘 믿는 모든 무리를 세상 만민중에서 불러서 선택하셨다.

행9:15- 교회를 핍박하고 믿는 사람들을 박해하여 잡아다 감옥에 넘기던 사울을 불러서

이방인의 사도로 세우시고 크게 써 주셨다.

살전1:4- 하나님의 사랑하심을 입은 형제들아 너희의 택하심을 안다고 했다.

살후2:13- 주의 사랑하시는 형제들아

하니님이 처음부터 너희를 택하사 거룩하게 하심과 진리로 믿음으로 구원얻게 하심이니…

3. 선택받은 자들에게 믿음으로 응답케 하신다

노아가 선택을 받고 120년간 방주를 만들어 식구 8 사람이 홍수에서 구원을 얻는다.

아브라함이 부름받아 선택됨에,

말씀에 순종하여 말씀따라 행하여 가서 이스라엘의 조상이 되고 믿음의 조상이 되게 했다.

요1:12- 보내신 자로 영접하고 그 아들을 믿는 자에게는 하나님의 자녀가 되는 권세를 주신다.

요3:15 믿는 자마다 멸망치 않고 영생의 구원을 얻게 하셨다.

민21:4~9. 모세가 이스라엘 백성들이 불뱀에게 물려죽게 되었을 때 장대에 구리뱀을 매달아 구리뱀을 쳐다보면 산다고 할 때, 그 말씀을 믿고 쳐다본 사람은 다 살았다고 한다.

선택에 응답하는 믿음이 필요하다.

4. 믿는 사람으로 구원에 이르는 회개케 한다

회개는 구원에 들어가는 입문이다.

회개는 달리던 길에서 돌이켜 방향을 바꾸는 것을 회개라고 한다.

눅15:17~19 탕자의 비유에서

① 회개 : 탕자가 아버지의 품을 떠났다가 아버지의 품으로 되
   돌아오는 것을 회개라고 했다.

② 죄를 깨닫고, 하늘과 아버지에게 죄를 지었다고

③ 죄를 고백한다. 이제는 아들이라고 감당할 수 없다고
④ 새 결심, 품군의 한 사람으로 써 주실 것을

이것이 회개의 모습이다.
회개하면 용서 받는다.
탕자의 아버지는 돌아온 아들을 벌써 용서했다.
과거를 묻지도 않고 목욕시켜 새 옷으로 입히고 신발을 신기고
손에 가락지를 끼우고 살진 소를 잡아 큰 환영의 잔치를 배설했다.
이 탕자가 회개하여 새 사람이 됐다. (요 3:1~7)
이런 사람은 거듭난 사람, 중생 한 사람이라고 했다.

• 회개와 용서
회개해야 용서를 받는다.
요일 1:9~ 만일 우리가 우리 죄를 자백하면 저는 미쁘시어 우
리의 죄를 사하며 모든 불의에서 깨끗케 하실 것

벧전 2:4-
친히 나무에 달리사 우리의 죄를 담당하셨으니 이는 우리의
죄에 대하여 죽고 의에 대하여 살게하려 하심이니라.

• 회개하지 않으면 용서가 없다.
마 11:20 예수님은
회개치 않는 벳세다와 고라신에게 회개가 없음을 책망하신다.
눅 13:2~3, 예수님이
실로암의 망대에 치어 죽은 사람들을 보며
너희도 회개치 아니하면 다 이와 같이 망하리라고 했다.

회개하면 용서를 받고 회개치 않으면 용서가 없다.

용서를 받으려면 이웃의 죄를 용서해야 용서를 받게된다.

형제의 죄를 용서치 아니하면 하나님 아버지께서도 너희의 죄를 용서치 아니하리라고 했다. (마6;15~ , 마18:25)

5. 구원의 용어

성경에서 구원이란 용어처럼 폭 넓게 사용된 용어는 드물다.

고통에서 기근에서 병에서 풍랑에서 건짐을 받는 것들을 구원이라고 묘사한다.

창45:6~ 요셉이 애굽의 총리가 됐을 때

형제들이 애굽에 곡식 사러 왔을 때

하나님이 생명을 구원하시려고 나를 당신들보다 먼저 보냈다고

창50:20~ 당신들은 나를 해하려고 하였으나,

하나님이 선으로 바꾸어 오늘과 같이 만인의 생명을 구원하라고 하시였다고

많은 경우, 병자를 병에서 건강하게 된 것을 구원하였다고 했다. (마9:22~, 눅7:3~10 , 막10:45~50,)

큰 풍랑에서 건짐을 구원이라 했다. (행27:20~31~44)

6. 구원의 정의

성경에서 구원의 용어를 폭 넓게 사용했으나 구원의 정의는
① 죄에서 놓임받는 것을

② 사망에서 멸망에서 건짐받는 것을

③ 지옥의 형벌에서 건짐받는 것을

④ 영원히 영생의 삶을 사는 하나님 나라에 들어가는 것을 구원이라고 정의했다.

마19:16~26.　예수님에게 한 부자 청년 법관이 찾아와서 무릎을 꿇고 선생님께 영생의 본제를 질문하였다. 그 때에 예수님은 그에게 계명을 지키라고 하니

어려서부터 다 지키었다고 한다.

그러나 오히려 한 가지 부족한 것이 있으니

네게 있는 많은 재산을 팔아 나누어 주고 나를 쫓으라고 하니 이 사람이 재산이 많은 고로 근심하며 돌아갔다고 했다.

그때 예수님께서 제자들을 돌아보시면서

부자가 하나님의 나라에 들어가기가 어찌나 어려운지 약대가 바늘귀로 들어가는 것이 쉬우니라고 했다.

베드로가 묻기를 그러면 누가 구원을 얻겠습니까 한다.

여기에서

부자청년이 영생에 대하여 질문했고

예수님은 하나님의 나라에 들어가는 일로 말씀했다.

베드로는 그러면 누가 구원을 얻겠느냐고 한다.

여기에서 영생과 하나님의 나라에 들어가는 것이

구원과 같이 쓰임을 알게 한다.

구원 = 영생 = 하나님의 나라에 들어가는 영원의 삶

7. 구원은 하나님의 선물

엡2:8~9,

너희가 그 은혜를 인하여 믿음으로 말미암아 구원을 얻었나니 이것이 너희에게 난 것이 아니요 하나님의 선물이라 행위에서 난 것이 아니니 이는 누구든지 자랑치 못하게 하려 하심이니라.

8. 구원의 길

행4:12, 다른 이로서는 구원을 얻을 수 없나니 천하 인간에게 구원을 얻을만한 다른 이름은 우리에게 주신 일이 없음이니라 하였더라

딤전2:5~6 하나님은 한 분이시요 또 하나님과 사람 사이에 중보도 한 분이시니 곧 사람이신 그리스도 예수라 그가 모든 사람을 위하여 자기를 속전으로 주셨으니 기약이 이르면 증거할 것이라

벧전2:24~ 친히 나무에 달려 그 몸으로 우리의 죄를 담당하시고 우리의 죄에 대하여 죽고 의에 대하여 살게하셨으니 저가 채찍에 맞음으로 너희는 낳음을 얻었나니…… 라고 했다.

구원은 곧 우리의 죄 사함을 받고 의롭다 함을 얻어서 하나님의 나라에 들어가 하나님과 함께 영원한 나라에서 영원히 사는 영생인데,

그길은 예수님의 속죄의 십자가의 공로의 길, 그 이름의 길, 이 외에는 어떤 것으로도 어떤 무엇으로도 구원의 길이 없음을 보이신다.

기하학에서 A−B의 가장 가까운 길은 직선 뿐이라고 한다. 직선 이 외에는 가장 가까운 길이 없다. 다른 복음은 없다. (갈1:7−)

9. 구원의 시제

구원은 하나님 편에서 예정하시고 택하신 자들로 회개하여 구속의 주 예수를 구주로 믿고 고백할 때 하나님이 주시는 은혜의 선물이라고 했다. 믿음으로 받는것이 구원이다.

구원은 한 번 받는 것이다. 구원의 선물은 한 번으로 족하다.

그런데 성경에서는 구원을 얻었다고 하고 구원을 이루라고 하고 구원을 이루리라는 말로되어, 구원의 시제를 보이고 있다.

예수를 구주로 고백하여 하나님의 자녀가 된 자는 마치 갓태어난 어린아이와 같아서 점차 자라고 성숙하게되어 성인이 되듯 그리스도의 분량에까지 자라야 한다고 권하고 있다.

그러나 성도가 세상에서 아무리 거룩하게 성장하고 성숙된다 해도 완전하게 되지는 못한다.

여기에 구원의 시제가 있다.

1) 구원의 과거

엡2:8− 그 은혜로 말미암아 구원을 얻었나니 아는 너희에게서 난 것이 아니라 하나님의 선물이라고 했다.

여기에 구원을 얻었나니 과거사로 썼다.

요5:24 내 말을 듣고 또 나 보내신 이를 믿는 자는 영생을 얻었고 심판에 이르지 아니하나니 사망에서 생명으로 옮겼느니라고 했다.

이미 구원을 얻었고 사망에서 생명으로 옮겼다고 했다.

여기에서 심판에 이르지 아니함은

예수님의 재림 때 세상의 종말 때에 대심판이 있게 되는데 이 심판을 백보좌 심판이라고 한다. (계21:11-)

그러나 믿는 사람에게는 이 백보좌 심판에 참여하지 아니하고 이미 사망에서 생명으로 옮겨진 자들이다.

그 과정은,

① 부름심과 영접

부르심은 하나님이 미리 아시고 예정한 자들을 선택하시고 일일히 지명하여 불러서 하나님의 자녀로 인치시는 작업이시다.

사43:1- 야곱아 두려워 말라 내가 너를 지명하여 불렀나니, 너는 내 것이다고 했다.

사45:3- 너를 지명하여 부른 자가 나 여호와 인줄 알게하려 함이라고

그 부르시는 과정은

롬10:13~15, 친구를 통하거나 부모를 통하거나 전도자를 통하여 예수의 이름을 듣고 믿게 하신다.

그렇게 예정된 자들의 이름이 하늘 보좌에 있는 생명록에 록명이 된 자들이다.

계3:5- , 계21:27-

생명책에 록명된 자들만이 불러내시어 뽑아내신다.

빌4:3~ 그 이름이 생명책에 있는자니라고 생명록에 록명된 자는 영원불변한 것

롬11:29, 이 하나님의 은사와 부르심에는 후회함이 없다고 했다.

하나님의 전능하시고 완전하심으로 선택된 것에는 변함이 없을것.

② 영접하는 자

하나님 편에서 예정하시고 선택하여 불러내는 자는 사람 편에서 부르심에 응답하여

요1:12, 하나님이 보내신 자 독생자 예수그리스도를 영접하는자에게는 하나님의 자녀가 되는 권세를 주신다.

갈2:20- 내가 그리스도와 함께 죽고 그리스도와 함께 살게,

계3:20- 내가 문 밖에서 두드리노니 누구든지 내 음성을 듣고 문을 열면 내가 그리로 들어가서 그와 더불어 먹고 그는 나로 더불어 먹으리라

요14:23, 사람이 나를 사랑하면 내 말을 지키리니 내 아버지께서 저를 사랑할 것이요. 우리가 거처를 저와 함께 하리라.

그래서 그리스도 안에서 새로운 피조물이 된다.

고후5:17~ 그리스도와 연합하여 그리스도 안에서 새로운 피조물이다.

새로운 피조물이 새 사람이요. 중생한 사람이다. (요3:1~7)

회개하고 죄를 깨닫고 죄를 고백하여 사죄함 받고 구주를 영접하여 성령으로 거듭나고 하나님의 자녀로서 그리스도와 함께 사는 사람이 구원의 삶을 사는 사람이다.

2) 구원의 현재

죄인이 회개하여 예수를 구주로 영접하고 성령의 중생으로 새

사람 되어 그리스도 안에서 하나님의 자녀된 자들의 삶이 현재 구원의 삶이다.

• 구원을 이루라
빌2:12- 두렵고 떨림으로 구원을 이루라고 했고
벧전2:2- 구원에 이르도록 자라게 하려한다고 한다.

① 양자 됨
양자의 개념은 본래의 아들이 아니었는데, 아들로 삼아 주심을 뜻한다. 법적인 지위를 얻게되는 것.

우리는 허물과 죄로 죽어서, 세상 권세자 마귀의 자식이었다. 죄로 죽은 자를 하나님이 그리스도와 함께 살리시어 하나님의 자녀되게 하심이 양자 삼으심이다.

롬8:15 너희는 다시 무서워하는 종의 영을 받지 아니하였고 양자의 영을 받으므로 아바 아버지라 부르짖느니라고 했다.

② 양자의 길
하나님 편에서 미리 예정하시고 선택하여 부르시고

엡1:5~ 그 기쁘신 뜻대로 우리를 예정하사 예수 그리스도로 말미암아 자기의 아들들이 되게 하셨으니

롬9:11~ 그 자식들이 아직 나지도 아니하고 무슨 선이나 악을 행하지도 아니한 때에 택하심을 따라 하나님의 뜻이 행위로 말미암지 않고 오직 부르시는 이로 말미암아 서게 하셨다고

롬8:14~15 무릇 하나님의 인도함을 받는 그들은 하나님의 아들이니라… 양자의 영을 받았으므로 아바 아버지라 부르짖느니라.

요일 3:2~ 사랑하는 자들아 우리가 지금은 하나님의 자녀와 장래에 어떻게 될 것은 아직 나타나지 아니하였나니…

요 1:12 영접하는 자 곧 그 이름을 믿는 자에게는 하나님의 자녀가 되는 권세를 주셨으니,

이는 혈통으로나 육정으로나 사람의 뜻으로 나지 아니하고 오직 하나님께로서 난 자들이니라.

③ 양자된 권한

하나님의 자녀된 양자의 권한은

요 17:23~ 나를 사랑하심 같이 저희도 사랑하심을 세상으로 알게 하려 함이로소이다.

요일 3:14~ 우리가 형제를 사랑함으로 사망에서 옮겨 생명으로 들어간 줄 알거니와 사랑치 아니하는 자는 사망에 거하느니라.

사랑 안에 행하는 자로 되게 하신다.

또 하나님의 보호를 받기 위하여

눅 12:27~ 백합화를 생각하여 보라 실로 짜지도 아니하고… 그러나 솔로몬의 영광으로 입은것이 이 꽃 하나만 같지 아니하였느니라.

너희는 무엇을 입을까 먹을까 염려하지 말라

너희 하나님이 너희에게 있어야 할 줄을 아시느리라고

고후 1:4- 우리의 모든 환난 중에서 우리를 위하시는 이는 하나님이시니라.

어떤 환난에서도 도우신다.

갈 4:17, 그러므로 내가 이 후로는 종이 아니요.

아들이니, 아들이면 하나님으로 인하여 유업을 이을자니라고 했다. (벧전 1:3~4)

양자된 권세로 하나님 나라에 들어갈 수 있고 하나님 나라를 유업으로 받고 현세에서는 어디로 가나 하나님의 특별하신 보호를 받고 지내게 된다.

양자된 자는 하나님의 나라의 시민권자다. 미국의 시민권자도 대단한 보호를 받고 지내는데 하나님 나라의 시민권자의 권세는 대단한 것이다.

④ 의롭게 여겨주신다

내가 의로워진 것은 없는데, 하나님께서 나를 의롭게 여겨주시는 것이 여김의 은총이다.

딤전1:12~ 나를 능하게 하심은 우리 주 예수 그리스도께 내가 감사함은 나를 충성되게 여겨 나에게 직분을 맡기심이니

롬4:6~ 일함도 없이 하나님에게 의로 여기심을 받는 자가 행복한 사람이다.

롬3:24~ 값없이 의롭다 하심을 얻었나니

도리어 바울에게는 과거에 알지 못해 교회를 핍박한 잘못이 있는데도 의롭게 여겨주시는 여김의 은총에 감사한다.

하나님이 의롭게 여겨주시면 누구도 정죄할 수 없다.

롬8:33~34, 의롭다 하시는 이는 하나님이시니 누가 정죄하리요.

어느 누구도 어떤 무엇으로도 정죄할 자가 없다.

롬8:1 그리스도 안에 있는 자에게는 정죄함이 없다고 했다.

그리스도안에 있으면 전의 죄와 지금의 죄와 미래의 어떤 죄라도 다 사함받기에 그리스도 안에는 정죄함이 없다. 모든 죄가 다 어떤 죄라도 다 사죄함 받는다. (행13:38~39)

마치 고소당한 죄인이 법관이 무죄를 선언함과 같은 뜻이다.

• 거룩하게 하심
살전4:3~4 하나님의 뜻은 이것이니 너희의 거룩함이니라
고전1:2, 그리스도 안에서 거룩하여지고
살후2:13~ 하나님이 처음부터 너희를 택하사 성령의 거룩하
게 하심과…

롬12:1~2, 하나님의 모든 자비하심으로 너희를 권하노니
너희 몸을 하나님이 기뻐하시는 거룩한 산 제사로 드리라
이것이 너희 드릴 영적 예배니라
너희는 이 세대로 본받지 말고 마음을 새롭게하여 하나님의
선하시고 기뻐하시는 뜻이 무엇인지 분별하도록 하라

성도의 구원은 세상과 구별하여 하나님의 거룩하심을 따라 거
룩한 삶을 살아가는 삶이 현재 구원을 이루어가는 삶이다.

3. 구원의 미래

구원의 완성은 마지막 단계인 구원의 완성이다.
마10:22, 나중까지 견디는 자는 구원을 얻으리라
마24:13~ 끝까지 견디는 자는 구원을 얻으리라
롬13:11- 히6:9- 고후7:10- 빌1:9- 히9:28- 등.

• 구원의 완성은

개인의 죽음이나 (히 9:27)

주님의 재림의 때에 완성된다.

주님은 부활 후 40일 동안 제자들에게 보이시며 같이 지내시다가 감람산에서 하늘로 구름 타고 승천하시였다. (행 1:10~11)

때에 천사가 갈릴리 사람들에게

너희가 보는대로 주님은 구름타고 다시 오시리라고 예언하신다.

요 14:3~   내가 다시 와서 너희로 나 있는데로 데려가리라고 약속했고

살전 4:16~18. 주께서 천사장의 나팔소리로서 심판주로 다시 오실 것을 약속했다.

마 24:30 세상 끝날의 징조를 보이시며 인자가 구름타고 오실 것을 약속한다.

그 때에 부활하신 그리스도의 신령한 몸으로 변화를 받아 그리스도를 영접하여 영원한 천국에서 영원한 영생의 복을 누리게 될 것이다. (빌 3:20-)

천국은 하나님이 다스리는 나라요 (계 21:2~4)

믿음을 지켜 승리한 자가 가는 곳

하나님과 같이하여

세상의 눈물이나 슬픔을 닦아주는 곳

주안에서 영원히 안식하는 곳 (계 14:13-)

다시는 애통하는 것이나 곡하는 일이 없는 곳

다시는 죽음이 없는 영원한 삶의 곳

생명수와 생명과가 풍성한 곳 (계 22:2-)

천국에는 황금길이요

보화와 진주로 12 문을 만든 곳

생명책에 기록된 자만 들어가는 곳,

책들에 의하여 선행의 보상으로 면류관을 받을 것

선행이 없는 자에게는

고전 3:15~ 불가운데 뛰쳐 나온 자의 구원 같은 것

눅 16:20~31, 부자와 나사로의 비유에서 나사로의 삶을 보인다.

• **부활의 몸** (고전 15:35~44)

예수님은 십자가에 달려 죽으시어 무덤에 장사지낸 바 되었다가 삼일만에 무덤의 사망의 권세를 이기시고

다시 사시어. 부활의 첫 열매가 되셨다고 한다. (고전 15:20-)

예수님은 부활 후에 40일을 제자들과 함께 지내시면서 제자들에게 부활의 몸을 보이셨다.

도마에게 손을 보이시며 내 손을 만져보고 믿음 없는 자가 되지 말고 믿는 자가 되라고 하시며 또 옆구리에 창자국을 만져보라고 하시면서 믿음 없는 자가 되지 말고, 믿는 자가 되라고 하셨다. (요 20:27-).

제자들이 숨을 죽이고 로마군을 피하여 문을 잠그고 있을 때에 제자들의 방에 나타나시여 "너희에게 평강이 있을 지어다"고 문안할 때 제자들이 다 놀랐다고 했다. (요 20:26-)

그러면서 영은 육체가 없으나 나는 육체가 있노라고 하시면서 못자국과 창자국을 만져보게 하셨다.

예수님의 육체의 몸은 변화된 몸이였다.

예수님 당시 죽었다가 다시 산 사람들의 기사가 여러 곳 있다. 이들의 몸은 다시 죽을 수 밖에 없는 육신의 몸이다. 예수님의

변화된 몸은 영원불변하는 신령한 몸으로 변화된 몸이다.

변화받지 못한 몸 신령한 몸이 되지 못하고서는 하늘나라의 삶을 살아갈 수 없기에 신령한 몸으로 변화를 받아야 하늘나라의 삶을 살아갈 수 있다.

우리는 죽어서 순식간에 변화를 받아 신령한 몸으로 변화받게 된다. 이것이 부활의 몸이다.

마치 굼뱅이가 변신하여 매미가 되어 하늘을 날을 수 있는것과 같다.

1) 육의 몸으로 심고 신령한 몸으로 다시산다. (고전 15:44-)

육의 몸이 있으므로 신령한 몸으로 다시 살게 된다. 그런 의미에서 육의 몸이 있게된 생일이 귀한 날이다. 부활의 몸은 영체와 달리 살과 뼈가 있다고 예수님이 제자들에게 만져 보이셨다.

제자들이 로마의 군병들을 두려워하여 문을 잠그고 있을 때 부활하신 예수님은 그 제자들의 방에 나타나시어 제자들에게 평강을 빌었다. (요 20:19~26)

우리 육신의 몸은 시간과 공간의 제한을 받는 한계 상황의 사람이나, 부활하신 신령한 몸으로는 시간이나 공간의 제한을 받지 아니하는 한계를 초월하시는 몸이다.

부활하신 예수님은 갈릴리 바다로 고기 잡으러 간 제자들에게 나타나시어 바닷 가에 불을 피워서 떡과 생선을 구어서 제자들에게 나누어 주시면서 지금 잡은 고기도 가져오게 하시어 생선과 떡을 같이 나누시며 먹고 잡수시었다고 한다. (요 21:9~13)

2) 썩을 몸으로 심고 썩지 아니할 몸으로 다시산다. (고전 15:42-)

육신의 몸은 날로 후패한다고 했다. (고후 4:16-)
육의 몸은 날로 후패하여 죽어 썩어 없어진다.
성경에서 다시 산 사람들의 기록들이 여러곳에 있다.

구약에서는
엘리야가 사르밧 과부의 아들을 살렸다. (왕상 17:19-20)
또 수넴여인의 아들을 살렸다. (왕하 4:32-35-)

신약에서는
예수님이 죽은자를 살리신 기록으로는
회당장 야이로의 딸을 사려주셨다. (마 9:24-)
나인성 과부의 아들을 장사지내는 때에 살려주셨다. (눅 7:15-)
죽은지 나흘이나 되어 썩어 냄새나는 나사로를 살려주셨다.
(요 11:43-)
사도 베드로가 살리신 기록은
욥바의 다비다라고도 하는 여 제자, 번역하면 도르가다. 도르
가를 살려주셨다. (행 9:36-)
드로아에서 유두고라는 청년이 창에서 떨어져 죽은것을 살리
셨다. (행 20:9-)
이 외에도 예수님이 십자가에 달리셨을 때 무덤들이 열리고
죽은 자들이 다시 살아났다고 했다. (마 27:52-,)
그러나 이런 다시 살았던 사람들은 다시 다 죽어 다시 썩어졌다.
예수님의 부활의 몸은 썩을 몸으로 심고 썩지 아니할 신령한
몸으로 다시 사신 부활의 몸이다.
성경은 썩을 몸을 갖고서는 하나님의 나라를 유업으로 받을
수가 없다고 했다. (고전 15:50-)

3) 욕된 몸으로 심고 영광스런 몸으로 다시 산다. (고전15:43-)

욕되다는 뜻은 죄악되다는 뜻이다.

죄악되다는 것은 죄인으로 태여났다는 뜻이다. (시51:5-)

다윗이 태여나면서부터 모태에 잉태될 때에 죄인 중에서 잉태되었다고 고백한다.

그러므로 세상에 보통 생육법으로 태여 나는 모든 인생은 죄악 중에서 태여나는 죄인들이다.

욕된 몸을 갖고 태여났다. 그러기에 만인이 다 죄인이다. (롬3:10-)

죄인이 행동하는 모든 행위가 다 죄의 행위들이다. (전7:20-)

예수님만이 동정녀에게 성령으로 잉태하여 나시어 죄가 없으신 분이시다.

빌3:20에 그가 만물을 자기에게 복종시킬 수 있는 자의 역사로 우리의 낮은 몸을 자기의 영광의 몸의 형체와 같이 변케하시리라고 했다.

부활의 신령한 몸은 세상의 어떤 영광과도 족히 비교할 수 없는 영광스러운 몸이라고 했다. (롬8:18-)

부활의 신령한 영광의 몸으로 일으키신다고 했다. (고후4:17-18)

4) 약한 몸으로 심고 강한 몸으로 다시 산다. (고전15:43-)

사람의 몸은 말할 수 없이 약하다.

힘센 코끼리에 비하면 사람의 힘은 보잘 것이 없다. 천 년을 산다는 거북이나 학에 비하면 사람은 고작 100년도 못산다.

사람의 몸은 추위에는 약하고 더위에도 약하다. 조금만 추워도 추위에 얼어죽는 사람이 있고 조금만 더워도 더위 먹고 죽는 사람들이 있다. 조금만 무리하게 활동하면 지쳐서 쓰러진다.

욥이 고백하기를 하루사리에 눌려 죽는 인생이라고 (욥 4:19-) 묘사한다.

실은 하루사리 보다 더 작은 세균 바이러스에 물려 죽는 인생이다.

찬바람만 불어도 감기에 걸려서 기침을 한다. 모기에 물리면 말라리아에 걸려 열병을 앓는다. 모기에 물리면 뇌염으로 죽는 인생이다.

인생의 몸은 말할 수 없이 약하다.

그러나 부활의 신령한 몸은 이러한 약한 점을 초월하여 강인한 몸으로 변화받아 일어난다.

결   론

예수 잘 믿으라

림인식 목사가 기고한 기독공보의 기사를 읽은 적이 있다. 은퇴하신 한경직 목사님을 뵈러 남한산성으로 몇몇 목사님들이 방문하게된 일이 있었다고 한다.

한 목사님과 이런 저런 이야기를 나누시고 방문하신 목사님들이 인사를 하고 일어서려고 할 때 한 목사님이 목사님들에게
"목사님들 예수 잘 믿으시오"
라고 당부하셨다고 한다.
이 내용이 책으로 출간되었다고 한다. (샘터사 ₩9,800)

누구에게나 당부할 말씀은
"예수 잘 믿으시오"
이다. 이말 외에 더 할 말이 없다.

이 길이 구원의 영복을 누리는 길이기에…

가족 그리고 사진들

나의 아버지 최택규 목사
(1902. 2. 8~1949. 12)
• 1949년 12월 공산당 정치보위부에
  납치되어 순교당하심

나의 어머니 차성옥 권사
(1903. 10. 16~2000. 10. 8)

형님가족

형　최지영　　형수　최혜숙

장남　회원흥　　처　　최숙양(성희 · 성은)
장녀　최원옥　　사위　김광훈(한길 · 한결)
2녀　최원희　　사위　황규태(선기)
3녀　최원자　　사위　김종섭(동현 · 석현)
4녀　최원애　　사위　유재우(종애 · 화종)

나와 나의 아내 최영숙

동생가족

유상현 · 최지숙

유용주 · 김은경
유호준 · 유자양

동생가족

김두만 · 최지선

김유진
김유호

한경직 목사 주례로 결혼예식을 마치고 (1962. 10. 4)

장남 최원성의 가족

최원성 · 최숙이
최은서(Matthew)

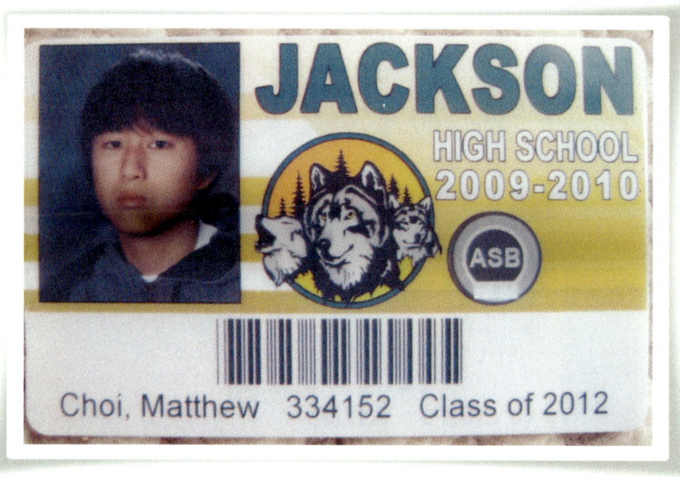

최은서(Matthew)

장녀 최원신의 가족

김상범 · 최원신

차남 최원진의 가족

최원진 · 최선주
최은지

최은지

삼남 최원덕의 가족

최원덕 · 최은혜(Angela)
최은희(Kayla)

장로회신학교 예과2년 학우일동. 대구 남부교회에서 (51 .12.5)

장로회신학교 평북학우회원 일동 (51. 12. 5)

장로회신학교(총신) 제1회 졸업생 및 평북학우회 일동 (52. 4. 17)

평동교회 주일학교 졸업기념 (58. 3. 23)

214

남산신학교에서 제2학년 학우일동 (58. 12. 5)

신학교 졸업식기념. 영락교회에서 (60. 3. 3)

영암교회 김기석 목사님 송별기념 (60. 12. 20)

숭실대학 졸업기념 (62. 2)

216

결혼식기념 영락교회에서 (62. 10. 4)

정주 평동중학교 재남 동창회
김순명 선생님을 모시고 (78. 5. 20)

서울노회 임원일동 (84년)

애크론 한인교회 (86. 2. 9)

Akron한인교회, 구정주일 (86년)

Rockford한인교회 구정주일 (90. 2)

은퇴식-Rockford한인장로교회에서 (97. 3. 30)

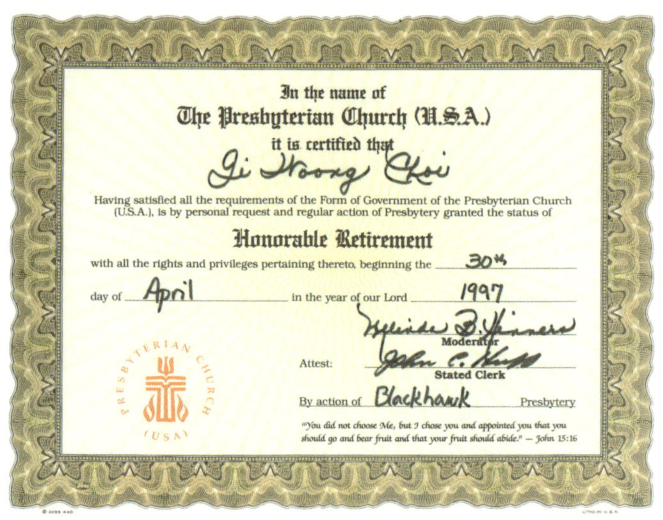

Blackhack노회로부터 받은
Honorable Retirement(영예은퇴서) (1977. 3. 30)

미국장로교 PCUSA
대성교회 방문, 이승만 총회장과 함께 (2000. 11. 27)

어머님 입관식 (2000. 10. 8)

졸 업 증 명 서

성   명: 최 지 웅
생 년 월 일: 1931 년 3 월 30 일
과   정: 신학대학원
학   과: 신학(본)과
입 학 년 월 일: 1954 년 3 월   일
졸 업 년 월 일: 1960 년 3 월 3 일
학   위: ***
학위증서번호: ***

위의 사실을 증명합니다.

2010 년 2 월 10 일

장 로 회 신 학 대 학 교 총 장 

* 이 증명서는 자동발급기로 발급된 것임.

장로회신학대학교 졸업증명서 (1960. 3. 3 졸업)